舵手汇

像对冲基金那样交易

20 个赢取利润的策略和技巧

Trade Like a Hedge Fund：

20 Successful Uncorrelated Strategies & Techniques to Winning Profits

〔美〕詹姆斯·阿尔图切尔　著

史　雷　译

康　民　校对

山西出版传媒集团

山西人民出版社

图书在版编目（CIP）数据

像对冲基金那样交易：20 个赢取利润的策略和技巧 /
（美）詹姆斯·阿尔图切尔著；史雷译 . —太原：山西
人民出版社，2019.3

ISBN 978-7-203-10307-3

Ⅰ . ①像… Ⅱ . ①詹… ②史… Ⅲ .①对冲基金-投
资 Ⅳ . ①F830.59

中国版本图书馆 CIP 数据核字（2018）第 020459 号
著作权合同登记号　图字：04-2018-031

像对冲基金那样交易：20 个赢取利润的策略和技巧

著　　　者：（美）詹姆斯·阿尔图切尔

译　　　者：史　雷

校　　　译：康　民

责任编辑：赵晓丽

复　　　审：武　静

终　　　审：秦继华

出　版　者：山西出版传媒集团·山西人民出版社

地　　　址：太原市建设南路 21 号

邮　　　编：030012

发行营销：0351-4922220　4955996　4956039　4922127（传真）

天猫官网：http://sxrmcbs.tmall.com　电话：0351-4922159

E-mail：sxskcb@ 163.com　发行部
　　　　　sxskcb@ 126.com　总编室

网　　　址：www.sxskcb.com

经　销　者：山西出版传媒集团·山西人民出版社

承　印　者：三河市京兰印务有限公司

开　　　本：710mm×1000mm　1/16

印　　　张：16.5

字　　　数：200 千字

印　　　数：1-5100 册

版　　　次：2019 年 3 月　第 1 版

印　　　次：2019 年 3 月　第 1 次印刷

书　　　号：978-7-203-10307-3

定　　　价：68.00 元

谨以此书献给我的父亲西摩·阿尔图切尔

（Seymour Altucher）

致　谢

我要在此感谢维克多·尼德霍夫（Victor Niederhoffer）的支持与帮助，并强烈推荐他与劳雷尔·肯纳（Laurel Kenner）合著的《华尔街赌局》（*Practical Speculation*）一书。

感谢吉姆·克拉姆（Jim Cramer）对我 5000 封电子邮件的回复，以及对我成为 TheStreet. com 撰稿人的支持。感谢 TheStreet. com 的总编戴夫·莫罗（Dave Morrow）没有在吉姆给我提出建议时责备他。我代表所有的撰稿人向戴夫和吉姆致敬。

感谢 *Street Insight* 的编辑苏珊·拉卡托斯（Susan Lakatos）对我为该刊的撰稿和本书中的部分章节提供了巨大的帮助。TheStreet. com 的乔治·莫里亚蒂（George Moriarty）和格雷琴·朗巴克（Gretchen Lembach）也对本书的编辑工作提供了宝贵的意见。很多 TheStreet. com 的撰稿人也在本书的编辑过程中提供了有价值的观点。我还要特别感谢沃斯·吉布森（Worth Gibson）不仅在我失落的时候安慰我，而且还替我在肯塔基赛马期间投注赛马"奇先达"（Funny Cide）。

丹·凯利（Dan Kelly）一直是我过去几年的商业合作伙伴，他在公司遇到市场波动的情况下表现出了令人难以置信的沉稳。

我提供资金对本书中介绍的每一种方法进行检验，当然也离不开丹的辛勤付出。此外，我还要感谢迈克尔·安吉利迪斯（Michael Angeledes）、吉姆·摩尔（Jim Moore）以及约翰·克利福德（John Clifford）在过去几年中对我的支持与帮助。

我在本书中对很多方法进行检验时所使用的软件 Wealth-Lab 由迪翁·库尔捷克（Dion Kurczek）提供。

感谢威利出版公司（Wiley）的编辑帕梅拉·范·吉森（Pamela van Gissen），我认为他是这个世界上最聪明的人，还要感谢拉拉·墨菲（Lara Murphy）帮助吉森快速地成长。

最后，我还要感谢安妮（Anne）、乔茜（Josie）和莫利（Mollie）在那些充满艰辛的日子里对我的帮助。

导　论

　　当我第一次向我的投资人和合伙人提出我正在编写图书的想法时，他们中的大多数人都对此表示不解。我的一位投资人对我说，最杰出的对冲基金经理凭借的是自己出众的能力，并且反对我把这么多的研究成果与他人分享。而我的另外一位合伙人在阅读了我所写的部分投资技术方法后告诉我，他会在该书出版之后全部买下，然后付之一炬。此后，当我在阅读某些投资类书籍时，我的心里总会产生一种疑虑：如果这些方法真的那么有效的话，为什么不利用这些方法去赚大钱呢？他们为什么还要把这些写出来呢？

　　对此，我的回答有如下几点。第一，我在研究并撰写这本书的过程中已经学习了不少相关知识。尽管有些方法我已经使用了多年，但是这中间也会出现一些细微的变化与误差。作为一名系统交易员，我个人仍然相信将自己的成功全部寄托在个人荣誉和幻想拥有一个会印钱的黑盒子是完全不可能的事情。每一种交易方法都需要不断地研究和改进，寻找新的突破口，并且将之前的那一套方法淘汰。我在编写本书的过程中所亲眼看到的很多误差确实让我在那期间的几个月中获得了赢利——如果没有对这些方法进行重点的关注，也许我并不能够为我和我的投资人赚到钱。交易系统的开发和交易方式的完善是一个漫长的过程。能够让某些人成为出色的系统交易员的原因是对这一过程的持续改进，而不是交易方法本身。

第二，当我对本书中提到的方法和形态能够让那些应用这些方法的人获得成功而深信不疑的时候，我依然会感觉到他们为这些方法能够获得更深层次的研究奠定了基石。在一个如此庞大的市场中肯定会存在某些无效的因素。然而这些因素却在时刻变化着。我认为对于寻找更深层次的无效因素来说，本书的观点无疑是一个很好的起点，我认为当读者自己发现这些无效的因素时，他们才是最终获得成功的那些人。

此外，我还热衷于和其他的开发者、交易者、研究者一起互动。有些人会把对方法的分享（在大多数情况下）视为贬低该方法的机会，而我对这些人是完全不信任的。每年都有数万亿美元的资金进入市场，这其中包括了趋势追踪者、逆市交易者、采取买入并持有策略的共同基金、每天根据自己的直觉进行交易的短线交易者，以及其他各种类型的交易者和技术追踪者。无论你使用的是哪种交易方法，我敢保证愿意和你进行交易的人只占很小的比例。我也希望从那些利益团体的理念中有所收获。

最后，我这个人热衷于写作。我也希望大家喜欢我的作品。

至于我如何在本书中使用这些理念这个问题，我想没有一种方法可以在市场中屡战屡胜，同理，我想没有哪个投资者会把自己一夜暴富的赌注全部押在一只股票上。正如那些采用买入并持有策略的投资者那样，对冲基金依靠的是投资的多元化，他们只有通过使用相互独立的交易方法，而不是配置关联性很低的股票才能获利。投资组合方法并不是以其他方法为基础的，因此，采用投资组合方法正是消除股票波动的最佳方法。

本书中使用的几乎所有交易方法都是以一套名为"Wealth-Lab"的模拟软件为基础的。你可以在 www.wealth-lab.com 中找到该软件，但是在安装的时候你需要运行一种类似 Pascal 的语言来建立复杂的交易系统，然后就可以很轻松地对指数或者一揽子股票进行测试了。因为它的复杂性，所以我不向大家推荐这款软件。我们的技术支持服务中心会在第一时间对您提出的疑问进行解答，而开发者社区也可以在网站上的论坛中找到，这对于开发属于自己的交易方法来说无疑是一个非常好的起点。

有一件事是我需要指出的，虽然对市场的检验和研究需要科学的方法，但是它既是一门科学也是一门艺术。换句话说，你看到的事情未必都是真实的。因为进行 500 次全部成功的实验并不意味着开发者能够将一种交易方法与数据进行曲线拟合。你要对自己曾经用过的每一种方法提问：为什么这种方法会发挥作用？究竟是哪些行为心理导致了这种结果？

当市场中含有无效的因素时，我们就可以对市场进行进一步的利用。也就是说，有很多精明的投资者试图发现这些无效的因素，当这些无效的因素出现时，它们通常会在最短的时间内消失。那些在一年中的任何时间，甚至在几十年的时间里都可以利用的市场中的无效因素，其实就是那些将投资者和赌徒推向全球市场的对恐惧和贪婪具有根深蒂固信念的人。记住以上的几点会有助于你避免数据挖掘和曲线拟合，并最终让你自己的交易方法可以用于对市场的交易当中。

目　录

第1章 黄油面包交易法
——缺口交易

大多数短线交易者（day trader）和对冲基金将缺口交易称为黄油面包交易法。很多每日短线交易者只进行缺口交易。他们每天上午9点25分来到交易室，一边喝着咖啡一边读着《纽约邮报》（*New York Post*），并挑选出当天跳空高开或者跳空低开的股票，然后进行逆市交易。也就是说，他们进行的是反向交易：即做空向上跳空的缺口，直到股价回落到前一交易日的收盘价为止，或者说是让多头的缺口进行回补。依照此法，这些交易者在五次交易中能够成功四次，然后他们就会去电影院打发当天剩下的时间了。这种生活真是让人羡慕不已。然而，如果这个跳空高开（跳空低开）的缺口没有进行反向移动，而是继续向上（向下）运动，那么进行缺口填补的交易者就会被排挤到同一方向（相反的方向），从而导致这唯一的一次交易失败就让他们将全部的利润回吐。

缺口交易法中所描述的研究工作和方法有助于吸引进行缺口填补的交易者的注意力，其关键在于要确认比平时更有可能对缺口进行逆向交易的可能性。通过对每种情况进行测试和研究，你要确定相对于那些每日短线交易的拥趸而言，你自己的优势是真实的且可以进行量化的，这对于进行缺口交易来说无疑是至关重要的。

当股票价格的开盘价低于或者高于前一日的收盘价时，缺口就会出现。例如，2001 年 10 月 10 日，QLogic Corporation（QLGC）公司的股票收盘价是 27.98 美元。其股价在下一个交易日以 29.45 美元开盘，随后一路飙升，最终报收于 34.24 美元。换句话说，该股并未"回补缺口"，或者说回落到前一个交易日的收盘价。如果当日实施做空交易的话，结果就会导致 16.26%的大幅亏损（参见图 1-1）。

注意，除个别案例外，所有交易的模拟金额都是 100000美元。

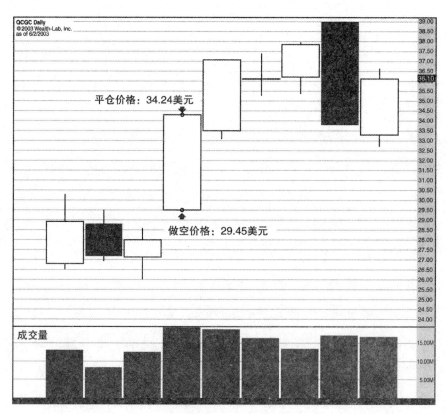

图 1-1　QLGC 公司，2001 年 10 月 10 日

在决定进行缺口交易之前，你要问自己一个问题："这个缺口会被填补吗？"然后看看通过一种或者多种交易策略能否找到答案。

方法 1：填补缺口

以下是对基本缺口填补方法进行的测试：

- 买入相对于前一交易日收盘价高开（低开）2%的股票。
- 以昨日的收盘价卖出，假设如果没有达到昨日的收盘价，就以实际收盘价卖出。

测试

所有纳斯达克 100 指数成分股（包含已经被剔除的），时间从 1999 年 1 月 1 日到 2003 年 6 月 30 日。

结果

参见表 1-1。结果还是不错的，但这离我所希望的结果还是有差距的。如果你的交易对象是纳斯达克（Nasdaq）或者标准普尔股指期货（S&P futures），那么 0.58% 对于每笔交易来说就是很好的结果了。假设你交易的对象是受佣金和滑点（指下单的点位和最后成交的点位有差距）影响比较大的单只股票，那么这个结果只能算是勉勉强强。

如果前一天股票出现下跌，那么这种方法得出的结果就会有所提高，原因很可能是这个缺口能够让空头（short-sellers）在他们所期望的点位上获得更多的利润，从而使得他们在资金上趋于谨慎。

表 1-1 填补缺口

	全部交易
全部交易	9821
平均利润/亏损（%）	0.58%
平均持有天数	1
交易成功的次数	6174（62.87%）
平均利润（%）	3.21%
最大连续交易成功次数	58
交易失败的次数	3647（37.13%）
平均亏损（%）	－3.97%
最大连续交易亏损次数	20

方法 2：在下跌的第二天进行缺口的填补

应用于方法 2 的法则与方法 1 的完全一样，不同之处在于我们不仅要买入缺口等于或者大于 2%的股票，而且还要买入在前一交易日下跌的股票。

结果

参见表 1-2。我们看到，每笔交易的平均收益率从 0.58%上升到了 0.75%。如果交易的次数超过 5000 次，那么每笔交易所增加的平均收益率是非常显著的。然而，如果把佣金和滑点的因素考虑进去（在这种情况下，每笔交易仍然可以获得高达 0.40%或者更高的收益率），那么 0.40%对于每笔交易得到的收益率来说是远远不够的。

表 1-2　在下跌的第二天进行缺口的填补

	全部交易
全部交易	4938
平均利润/亏损	（%）0.75%
平均持有天数	1
交易成功的次数	3157（63.93%）
平均利润（%）	3.40%
平均持有天数	1
最大连续交易成功次数	44
交易失败的次数	1781（36.07%）
平均亏损（%）	－4.04%
平均持有天数	0.98
最大连续交易亏损次数	15

相对于 2% 的下跌缺口来说，5% 的下跌缺口能带给我们更多的信息，我们接下来就尝试第三种方法。

方法 3：5% 的缺口

● 买入股价在前一交易日下跌，或者股票的开盘价低于前一交易日收盘价的 5% 的股票。

● 当股价达到前一交易日的收盘价，或者在股票的收盘价没有达到利润目标时，将股票卖出。

结果

参见表1-3。

表1-3　5%的缺口

	全部交易
全部交易	993
平均利润/亏损（%）	1.97%
平均持有天数	1
交易成功的次数	605（60.93%）
平均利润（%）	6.02%
平均持有天数	1
最大连续交易成功次数	18
交易失败的次数	388（39.07%）
平均亏损（%）	−4.47%
平均持有天数	0.97
最大连续交易亏损次数	10

　　我们的当务之急是寻找一个可以用来交易的方法。在发现能够获得显著赢利的交易方法之前，我们需要再做一些调整。到目前为止，缺口在通常情况下都会得到回补，且超过回补概率的平均值。即使是在情况非常糟糕的情况下（股价在前一交易日下跌，且缺口是5%，而不是2%），我们得到的结果也不算太差。那么当整个市场出现低开的时候，又会出现什么情况呢？

方法 4：当市场出现缺口，且个股的缺口是 5% 时的情况

在以下三种情况下买入股票：

- 股票在前一个交易日下跌；
- 其开盘价较上一个交易日的收盘价低开 5%；
- 纳指 100ETF（QQQs）至少下跌 1.5%。

在该缺口被填补或者在当天交易结束时卖出股票。

案例：RFMD（RF Micro Devices，威讯公司），2002 年 6 月 26 日

2002 年 6 月 26 日，市场形成双头形态。英特尔公司（Intel）于 6 月 25 日晚间发布赢利预警，到 26 日早上，消费者信心指数已经低于预期值。特别是 6 月 26 日正处于 24 日市场大跌形成的"死亡螺旋"的中心。也就是说，市场在 6 月 26 日出现了强劲的反弹，在当日对下跌缺口进行买入操作的人将会大赚一笔，请参见图 1-2。在图 1-2 中，6 月 26 日的 K 线位于整幅图的中间。在 6 月 25 日以 25.46 美元收盘后，于次日以 24.43 美元开盘，这个价位几乎较前一个交易日的收盘价低 4 个百分点。

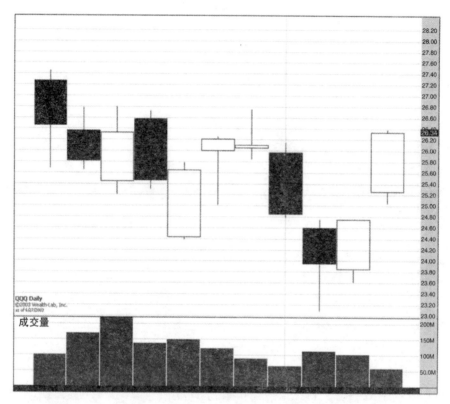

图 1-2　纳指 100ETF（QQQs），2002 年 6 月 26 日

　　RFMD 公司（图 1-3）6 月 25 日的收盘价是 6.44 美元，而下一个交易日的开盘价是 5.70 美元——这对于那些感觉世界末日即将降临，或者还没有到来的多方来说损失惨重。然而，对于那些以 5.70 美元的开盘价买入股票，然后在 RFMD 公司的股价触及前一天的收盘价时卖出（填补缺口）的人来说，6.44 美元意味着他们可以从中赚取 12.98% 的利润。

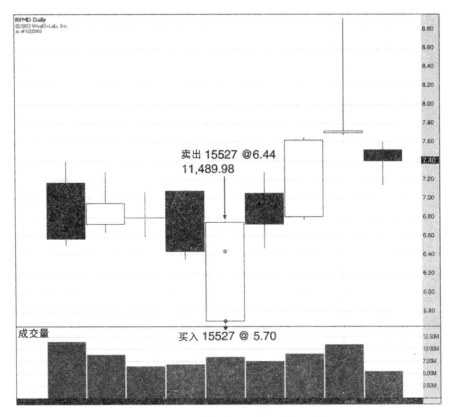

图 1-3　RFMD 公司，2002 年 6 月 26 日

案例：雅虎公司（YHOO），2002 年 7 月 11 日

2002 年 7 月 11 日，纳指 100ETF（QQQs）开盘报 23.76 美元（参见图 1-4）。其开盘价较前一交易日的收盘价 23.9 美元来说，略微下跌了大约 0.5%。雅虎公司当日的开盘价是 11.15 美元，低于前一个交易日的收盘价 12.19 美元。因为 7 月 10 日收盘以后，雅虎宣布勉强赢利。市场对此非常失望，这与市场认为公司将在 2002 年下半年复苏的期待相去甚远。

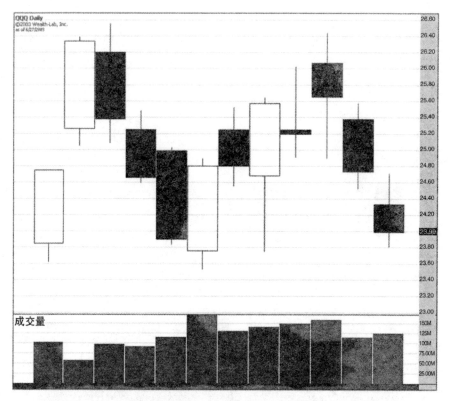

图 1-4　纳指 100ETF（QQQs），2002 年 7 月 11 日

　　从图 1-5 中可以看到，以当天的开盘价 11.15 美元买入，并且在第二天的开盘价 12.79 美元卖出股票，可以赚取 14.71% 的利润。这个时期仍然处于市场大幅下挫的中心，这一趋势直到 7 月 24 日才告一段落。然而，对于那些寻找到正确机会的多头来说仍然可以赢利。

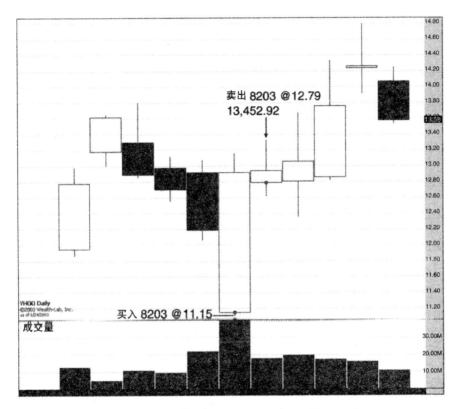

图 1-5　雅虎公司，2002 年 7 月 11 日

模拟 5% 的缺口

从 1999 年 3 月 10 日（纳指 100ETF 成立之初）到 2003 年 1 月 1 日，我们从初始资金为 100 万美元，每次只使用全部资金 10% 的交易中得到的结果请参见表 1-4（包括已经被剔除的纳斯达克 100 成分股在内）。我们从模拟的资金曲线（图 1-6）中可以看出，1999 年的交易量很少。有意思的是，市场在这期间是大幅下挫的（请注意图 1-6 中的买入并持有曲线，尽管只是长线战略，但是资

金曲线却向上飙升）。熊市神话就是进行做空交易，但是这种仅仅依靠做空的熊市战略证明了熊市神话是完全错误的。

表1-4　市场出现缺口，且个股的缺口为5%的模拟

	全部交易
初始资金	$ 1000000.00
期末资金	$ 2,593,543.00
净利润	$ 1,593,543.00
净利润(%)	159.35%
风险(%)	5.22%
风险调整后的收益率	3053.37%
全部交易	525
平均利润/亏损	$ 3,035.32
平均利润/亏损(%)	$ 2.07%
平均持有天数	1
交易成功的次数	$ 321 (61.14%)
总利润	$ 2,875,406.00
平均利润	$ 8,957.65
平均利润(%)	5.89%
平均持有天数	1
最大连续交易成功次数	13
交易失败的次数	204 (38.86%)
总亏损	($ 1,281,862.38)
平均亏损	($ 6,283.64)
平均亏损(%)	-4.07%
平均持有天数	0.97
最大连续交易亏损次数	14
最大跌幅	-8.26%
最大跌幅(美元)	($ 168,763.75)
单日最大跌幅日期	9/6/2001
回收系数	9.44
获利因子	2.24
回报比率	1.44
风险回报率	3.37
夏普比率	6.59

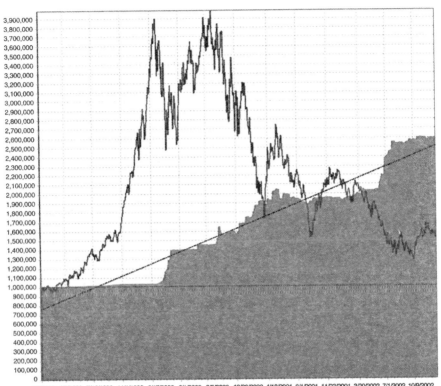

图 1-6　证券投资组合资金曲线

图 1-7 显示了年利润。

平均年利润为 28.32%，对应的夏普比率为 1.29。

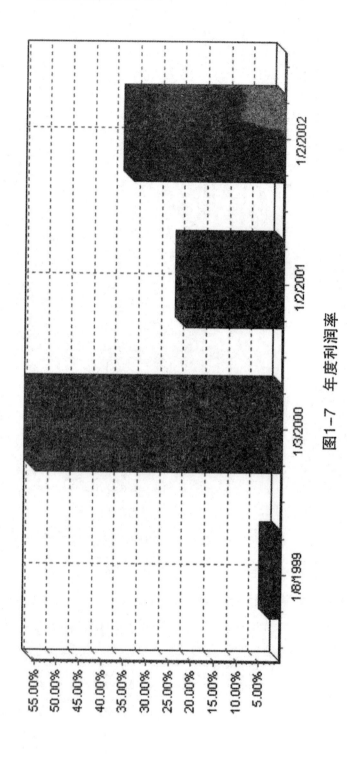

图1-7 年度利润率

很多基金中的基金（FOF）认为消除在牛市和熊市中的收益率不稳定的方法是采用多头/空头策略。在牛市行情中，多头是很有希望跑赢空头和市场的（假设的 α 策略），而在熊市行情中，空头将明显跑赢多头。然而，我们可以通过分散买入的方法来证明在牛市和熊市中采用多头/空头策略的可能性。例如，我们可以采用做空向下/向上的跳空缺口的方法，具体内容请参见方法 5。

方法 5：做空跳空高开的缺口

我们之前看到过一种没有进行空头回补的向上跳空缺口——即 2001 年 10 月 10 日 QLGC 公司的股价走势图。下面我们要介绍的就是做空向上跳空缺口的方法：

- 在某只股票第二天高开，或者纳指 100ETF（QQQs）向上跳空高开至少 1.5%，且个股跳空高开至少 5% 的情况下做空该股。
- 在股票缩小缺口的情况下进行平仓（例如，以该股前一个交易日的收盘价进行平仓）；或者，将该股前一个交易日的持仓量平仓。

结果

表 1-5 中显示的结果并不是很理想，每笔交易的平均收益率是 -0.56%。即使是在熊市中，过度的做空行为（有些情况下是

指"非理性的"）也没有为投机者带来回报。

表1-5　做空交易

全部交易	752
平均利润/亏损（%）	- 0.56%
平均持有天数	1
交易成功的次数	371（49.34%）
平均利润（%）	4.15%
平均持有天数	1
最大连续交易成功次数	16
交易失败的次数	381（50.66%）
平均亏损（%）	- 5.20%
平均持有天数	0.99
最大连续交易亏损次数	16

方法 6：对缺口进行波段交易

填补缺口并不意味着必须进行平仓，这是因为缺口有可能已经被补齐了。实际上，更好的方法就是尽可能地持有。我们要在波段交易和短线交易之间进行取舍。延长持有时间可以让你减少支付交易成本，并且还可以利用隔夜跳空高开的优势。然而，每日晚间对于市场来说充满了风险，相比之下，将资金落袋为安倒不失为一个明智的选择。

我们可以在方法4的基础之上再增加一个简单的步骤，以增加隔夜持有证券的可营利性，这也就是我们所说的方法6，其法则如下：

- 当股票的开盘价低于前一交易日的收盘价时买入该股，也就是说当纳指100ETF（QQQs）的向下跳空缺口大于0.5%，且个股的向下跳空缺口超过5%的时候买入股票。
- 将手中的股票持有到第二天上午。
- 当股票低于前一交易日的收盘价时卖出股票。

案例：CIEN公司，2001年4月17日

2001年4月16日，CIEN公司的股价报收于51.51美元（图1-8）。4月17日，其股价跳空下跌至48.11美元，随后反弹，并最终报收于53.09美元。该股在4月18日向上跳空高开，随后两天持续向上拉升，并于4月20日开始盘整。由于其当天的开盘价低于前一交易日67.30美元的收盘价，所以我们应当在67.09美元的开盘价上止损离场，至此，我们可以获得38.22%的净利润。

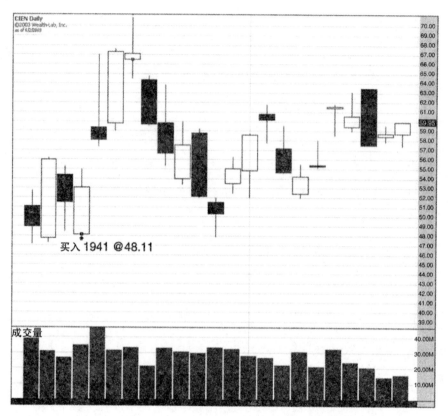

图 1-8　CIEN 公司，2001 年 4 月 17 日

模拟

参见表 1-6。由于 1999 年的交易量并不大，因此，我们可以观察从 2000 年到 2002 年期间的行情，市场表现得越不好，我们采用的对缺口进行波段交易这一方法的资金曲线走势就越好（图1-9）。

表 1-6　对缺口进行波段交易的模拟

	所有交易
初始资金	$1,000,000.00
期末资金	$4,726,416.00
净利润	$3,726,416.00
净利润(%)	372.64%
风险(%)	5.68%
风险调整后的收益率	6560.19%
全部交易	498
平均利润/亏损	$7,482.76
平均利润/亏损(%)	3.64%
平均持有天数	1.24
交易成功的次数	300（60.24%）
总利润	$6,028,952.00
平均利润	$20,096.51
平均利润(%)	9.41%
平均持有天数	1.37
最大连续交易成功次数	24
交易失败的次数	198（39.76%）
总亏损	（$2,302,538.00）
平均亏损	（$11,628.98）
平均亏损(%)	－5.26%
平均持有天数	1.02
最大连续交易亏损次数	14
最大跌幅	－11.89%
最大跌幅(美元)	（$289,220.50）
单日最大跌幅日期	11/13/2000
回收系数	12.88
获利因子	2.62
回报比率	1.79
标准差异	$452,060.94
风险回报率	1.81
夏普比率	5

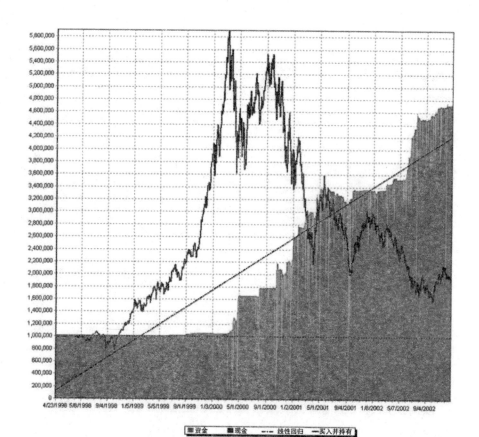

图 1-9　投资组合的资金曲线

下跌分析

除了 2000 年 4 月、2000 年年底（第一次降息之前）和 2001
年 9 月 11 日之后的第一个星期以外，其他月份的下跌相对比较
温和（图 1-10）。

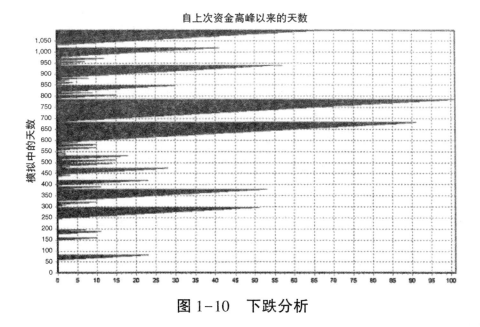

图 1-10 下跌分析

资金高度集中分析

在所有的案例中，用 5 个月的时间达到资金高度集中的案例有两个。而在其他的案例中，时间均不超过 3 个月（图 1-11）。

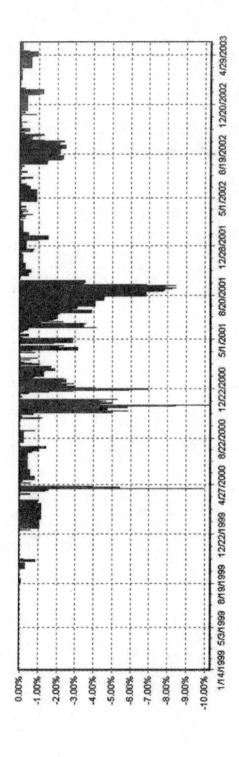

图1-11 水下资金曲线（下跌）

模拟中的年收益率

缺口的出现会让普通的投资者感到非常焦虑。当一只股票由于收益预警而出现向下跳空低开的缺口时，人们对此的第一反应就是恐慌。由于收益预警的消息还没有得到正确的解读和分析，因此，即使是在开盘之前，投资者也会出于恐慌而试图将手中的股票抛售。投资者的这种行为往往都是非理性的。但是从长远来看，我们是可以利用这种行为来获利的（图1-12）。

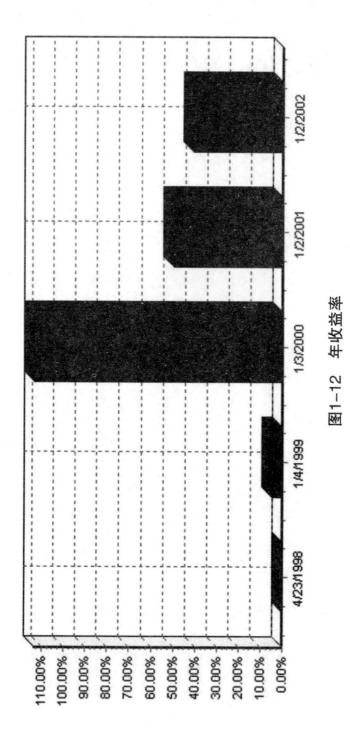

图1-12 年收益率

第2章　如何运用单方面配对交易进行 QQQ 与 SPY 之间的套利交易

从字面上看，单方面配对交易这种说法似乎是矛盾的。"配对交易"通常情况下是指市场中的一种中性策略，即你可以在做多一项资产的同时做空另外一项资产。"单方面"则意味着配对交易双方的头寸都是向着同一方向的。很多对冲基金都在使用一种配对交易策略，这一点我们将在本书第15章提到的优先股套利这部分内容中详细讨论。从字面上来讲，配对交易要比定向交易具有更高的安全性，因为后者只对市场中单一的上涨和下跌具有偏好，并且将赌注全部押在其中一方，然而，事实上配对交易的安全性要大大低于其他类型的交易模式。关于配对交易有一种普遍的说法，即"风险是收益的两倍"，这句话在大多数情况下都得到了验证。

通常情况下你都会采取一种中性的市场策略，但是实际上，当你开始采取配对交易的时候，你就会对两种资产类别之间的价差运动方向做出具有偏差的赌注。例如，假设通用汽车（GM）和福特汽车（F）两家公司的走势彼此一致，但是当通用汽车的走势突然急转直下，而福特汽车却没有出现大幅下挫的时候，我们就可以认为有人在做空通用汽车的同时做多福特汽车，理由是两家公司股票之间的价差要回归其历史基准。换句话说，我们是在赌两家公司之间价差的平均反转。

优先股套利策略与普通的配对交易策略之间的主要区别在于，优先股套利策略是可转债套利策略（Convertible Arbitrage Strategy）成功的关键，这是因为我们不是对价差的走向下注，而是为了获得更高的收益率。如果价差与我们所希望的方向一致的话固然好，反之，也无所谓（虽然我们也不希望它与我们的目标背道而驰）。

通常情况下，配对交易之所以会依靠巨大的杠杆作用，是因为高度相关的资产之间的价差需要有一些差别，从而才能够确保交易更有价值。在这种情况下，杠杆的应用通常会让对冲基金陷入困境。在100次的交易中有99次价差能够成功地回归，但是如果其中的一次或者两次出现偏差，就会导致当年的收益率要么是20%，要么是-50%。

配对交易的另外一个问题就是对冲基金持有的数十亿美元会采取不同的配对交易策略，合并套利（merger arbitrage）就是一种最为普遍的配对交易策略。假设A公司买入B公司的股票，如果两种资产的股价走势突然之间保持一致的话，那么当交易日结束时，B公司的股价将会逼近A公司买入B公司股票的价格。由于大量的资金都用来进行合并套利策略的操作，因此，在大多数情况下（特别是当交易临近收盘的时候）锁定大量收益的方法就是使用杠杆。如果偶尔出现最后几分钟交易失败的情况，你就要小心了！

我们再来列举其他几种类型的配对交易策略，例如：做多同一行业中一揽子低市盈率（P/E）股票以及做空该行业中一揽子高市盈率的股票，做多和做空期限相同但是到期日不同的美国国债（债券距离到期日越近，其价格越准确，反之亦然）。我们现在所使用的最普遍的配对交易策略类型就是在本章中所讨论的策略——当两种高度相关的资产之间的比率（价差）偏离其历史基准时的情况。

使用单方面配对交易策略的主要特点在于，我们不能够对价差进行双向交易，而只能对其历史波动较大的一方进行交易。波动较大的一方通常就是价差出现偏差的主要原因。正是出于这一点，我们才会将 QQQ（纳指 100ETF）和 SPY（标普 500ETF）进行配对，而实际上我们只进行 QQQ 的交易。

针对 QQQ-SPY 的单方面配对交易方法

- 通过用 QQQ 价格序列除以 SPY 价格序列得出二者之间的比率。例如 2003 年 5 月 1 日，SPY 的价格序列是 91.92，QQQ 的价格序列是 27.42，那么它们之间的比率就是 27.42/91.92，即 0.298。
- 计算出该比率的 20 日移动平均数。
- 计算出每天该比率与移动平均数之间的差。

- 计算出这些差额的 20 日移动平均数。

- 根据移动平均数计算出在当天的比率差异中有多少个标准差。利用前 20 天的标准差计算出每天的标准差。

- 如果每天计算出来的标准差大于 1.5，且 QQQ 的值高于前一天数值的 2%，则做空 QQQ（换句话说，QQQ 与 SPY 之间的价差已经超出了正常值的范围。如果事实真是如此，且 QQQ 出现大幅上涨，则 QQQ 就很有可能是问题的根本之所在，因此我们需要做空 QQQ）。

- 如果每天计算出来的标准差小于 1.5，且 QQQ 的值低于前一天数值的 2%，则做多 QQQ。

- 当比率差异的标准差小于 0.5（在做空的情况下），或者大于 -0.5（在做多的情况下）的时候卖出/平仓。

这种方法在综合应用上非常复杂，而且需要运行某些编码。编程代码请参见本章的附录部分。

案例：QQQ，2003 年 5 月 20 日

2003 年 5 月 19 日，QQQ 和 SPY 分别下跌了 3.6% 和 2.3%。很显然，两种交易型开放式指数基金（ETFs）之间的百分比变化比率超出了正常值的范围，特别是超出两种资产的比率和该比率的 20 日移动平均数之间的平均差 2 个标准差。在图 2-1 中最上面的柱形图标注了当天两种资产的比率和该比率 20 日移动平均数之间的标准差。在它下面的第二幅图中，波浪线表示 QQQ 和 SPY 之间的比率，而直线则表示该比率的 20 日

移动平均数。

由于 QQQ 在 5 月 19 日下跌超过 2%，因此，我们在第二天开盘后以 27.76 美元的价格买进，然后持有到 QQQ 和 SPY 之间的比率和该比率的移动平均数之间的标准差回归到超过−0.5 的水平，也就是持有到 5 月 28 日为止。我们以 29.16 美元的价格卖出，从而获利 5.04%。

图 2-1　QQQ，2003 年 5 月 20 日

案例：QQQ，2002 年 7 月 8 日

2002 年 7 月 5 日，人们正在为前一天没有发生恐怖袭击而长舒了一口气。但是事情并没有这么简单，人们为了避免可能出现的恐怖袭击，纷纷做空 QQQ 以确保可以对冲掉手中的投资组合。每一个做空的人现在不得不进行平仓，而我们则要看看谁是第一个进行平仓的人。QQQ 当天上涨超过 6.4%，SPY 上涨 3.9%。然而，相对于 SPY 的大幅反弹，QQQ 则经历了当年最大的一次单日反弹走势，并且使得当天两种资产的比率超出该比率的 20 日移动平均数 2 个标准差（参见图 2-2）。

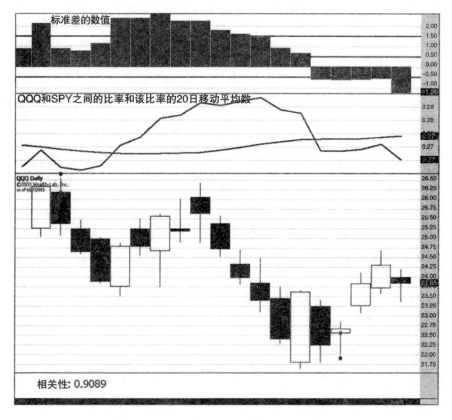

图 2-2　QQQ，2002 年 7 月 8 日

　　我们在 7 月 8 日开盘时以 26.20 美元的价格进行做空交易，当两种资产的比率和该比率的 20 日移动平均数之间的标准差回落到 0.5 的水平时进行平仓，这样一来，当我们在 7 月 26 日以 22.56 美元的价格平仓时，就可以获得 13.89% 的利润。

　　我运用单方面配对交易方法对 QQQ 进行模拟的初始资金是 100 万美元，每次使用 100% 的股票进行交易，模拟的结果请参见表 2-1。我的成功率接近 72%，每笔交易的平均收益率为 2.72%。复利的作用使我在过去 4 年的时间里获得的收益率达到了惊人的 462%。

　　年收益率请参见图 2-3 和表 2-2，平均年收益率为 48%。值得一提的是，在 1999 年那波不可思议的大牛市中，这种方法的表现并不突出。科技股在 1999 年的表现势不可挡，而市场中其他公司的股票却表现得差强人意。所以，在这种情况下做空 QQQ 并不是个明智的选择。

表 2-1 利用 QQQ 进行单方面配对交易模拟

	全部交易	多头交易	空头交易	买入并持有
初始资金	$ 1,000,000.00	$ 1,000,000.00	$ 1,000,000.00	$ 1,000,000.00
期末资金	$ 5,621,253.00	$ 4,156,423.00	$ 2,464,831.25	$ 583,056.63
净利润	$ 4,621,253.00	$ 3,156,423.00	$ 1,464,831.25	($ 416,943.34)
净利润(%)	462.13%	315.64%	146.48%	−41.69%
风险(%)	15.94%	8.80%	9.78%	100.11%
风险调整后的收益率	2898.31%	3588.11%	1497.51%	−41.65%
全部交易	72	40	32	1
平均利润/亏损	$ 64,184.07	$ 78,910.58	$ 45,775.98	($ 416,943.34)
平均利润/亏损(%)	2.72%	3.47%	1.78%	−41.65%
平均持有天数	5.88	5.25	6.66	4,999.00
交易成功的次数	52 (72.22%)	31 (77.50%)	21 (65.63%)	0 (0.00%)
总利润	$ 6,904,063.00	$ 3,960,379.50	$ 2,943,683.50	$ 0.00
平均利润	$ 132,770.44	$ 127,754.18	$ 140,175.41	$ 0.00
平均利润(%)	5.59%	5.52%	5.70%	0.00%
平均持有天数	4.69	4.58	4.86	0
最大连续交易成功次数	8	7	6	0
交易失败的次数	20 (27.78%)	9 (22.50%)	11 (34.38%)	1 (100.00%)
总亏损	($ 2,282,810.00)	($ 803,957.25)	($ 1,478,852.75)	($ 416,943.34)
平均亏损	($ 114,140.50)	($ 89,328.59)	($ 134,441.16)	($ 416,943.34)
平均亏损(%)	4.74%	3.59%	5.69%	41.65%
平均持有天数	8.95	7.56	10.09	4,999.00
最大连续交易亏损次数	3	2	3	1
最大跌幅	−23.12%	−15.11%	−27.85%	−83.00%
最大跌幅(美元)	($ 806,246.00)	($ 406,770.50)	($ 806,246.00)	($ 1,913,161.00)
单日最大跌幅日期	11/23/1999	4/4/2001	4/20/2001	10/9/2002
回收系数	5.73	7.76	1.82	0.22
获利因子	3.02	4.93	1.99	0
回报比率	1.18	1.54	1	0
标准误差	$ 889,203.00	$ 585,986.38	$ 313,635.31	$ 231,135.34
风险回报率	0.12	0.12	0.1	−0.01
夏普比率	2.81	4.4	1.48	0

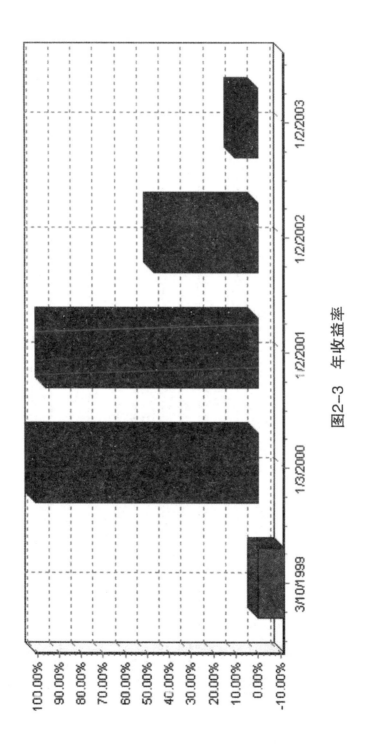

图2-3　年收益率

表2-2 年收益率

起始日期	收益（美元）	收益率（%）	最大亏损（%）	风险	过场	离场
3/10/1999	-118,052.88	-11.81	-23.12	1.5	10	10
1/3/2000	889,356.63	100.84	-12.85	39.72	20	20
1/2/2001	1,698,867.75	95.91	-19.62	38.42	20	19
1/2/2002	1,626,432.00	46.87	-14.2	41.58	17	18
1/2/2003	524,649.50	10.29	-4.49	26.69	5	5

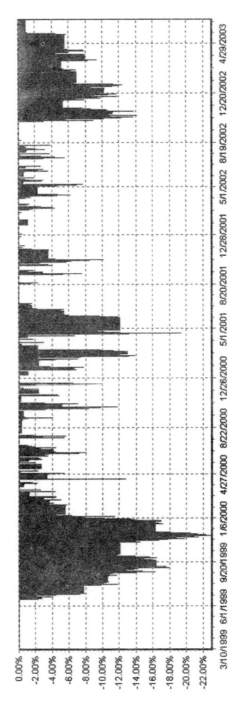

图2-4　水下资金曲线（跌幅）

在图 2-4 中我们看到了对在牛市的最后阶段出现的大幅下跌进行的分析。一般来说，尽管针对 QQQ 交易方法的资金曲线非常平稳（参见图 2-5 和表 2-3），且获得的大部分利润都来自多头，但是，空头在此期间也发挥了自己的作用。

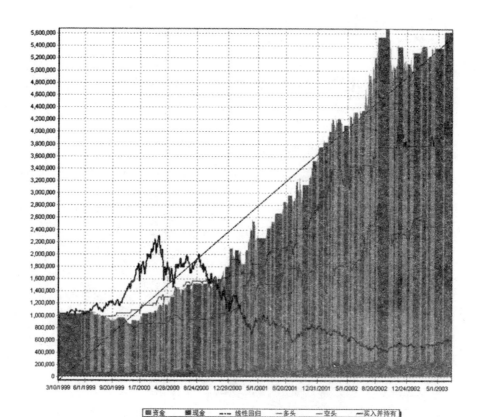

图 2-5　投资组合资金曲线

表2-3　单方面配对交易（QQQ/SPY）

头寸	代码	份额	进场日期	买入价格	离场日期	卖出价格	价差	净利润	持有天数	累计利润
空头	QQQ	17,126	5/13/1999	55.9	5/14/1999	53.38	4.51	43,157.53	1	43,157.53
多头	QQQ	19,879	5/26/1999	50.5	5/28/1999	51.5	1.98	19,879.00	2	63,036.53
空头	QQQ	18,629	6/17/1999	53.5	7/2/1999	58	-8.41	-83,830.50	11	-20,793.97
多头	QQQ	15,928	7/21/1999	58.53	8/2/1999	56.69	-3.14	-29,307.52	8	-50,101.49
空头	QQQ	15,653	8/16/1999	57.62	9/9/1999	61.56	-6.84	-61,672.86	17	-111,774.35
多头	QQQ	14,063	9/24/1999	59.62	10/8/1999	62.85	5.42	45,423.48	10	-66,350.87
空头	QQQ	13,287	11/4/1999	67.68	11/23/1999	76.44	-12.94	-116,394.15	13	-182,745.02
空头	QQQ	10,025	11/26/1999	78.4	11/30/1999	76.57	2.33	18,345.77	2	-164,399.25
多头	QQQ	10,800	12/1/1999	74.32	12/3/1999	79.32	6.73	54,000.00	2	-110,399.25
空头	QQQ	9,449	12/22/1999	89.19	12/29/1999	90	-0.91	-7,653.67	4	-118,052.91
多头	QQQ	8,842	1/4/2000	92	1/5/2000	87.5	4.89	39,789.00	1	-78,263.91
空头	QQQ	10,181	1/6/2000	86.88	1/11/2000	91.75	5.61	49,581.50	3	-28,682.42
多头	QQQ	10,485	1/12/2000	89	1/18/2000	92.07	3.45	32,188.95	3	3,506.53
空头	QQQ	9,289	2/9/2000	102.07	2/16/2000	99.9	2.13	20,157.11	5	23,663.64
空头	QQQ	9,328	2/24/2000	104.88	2/29/2000	105.75	-0.83	-8,115.39	3	15,548.26
多头	QQQ	9,176	3/3/2000	108	3/6/2000	111.75	3.47	34,410.00	1	49,958.26
多头	QQQ	9,289	3/15/2000	106.5	3/28/2000	116.98	9.84	97,348.75	9	147,307.00
多头	QQQ	10,588	4/4/2000	103.62	4/10/2000	107.62	3.86	42,352.00	4	189,659.00
多头	QQQ	12,284	4/13/2000	92.81	4/18/2000	89.48	-3.59	-40,905.65	3	148,753.34
空头	QQQ	11,959	4/28/2000	93.56	5/17/2000	82.75	11.55	129,276.76	9	278,030.09
多头	QQQ	16,229	5/24/2000	75	5/31/2000	84.47	12.63	153,688.66	4	431,718.75
空头	QQQ	14,528	6/5/2000	92.25	6/23/2000	95	-2.98	-39,952.00	14	391,766.75
多头	QQQ	14,427	6/30/2000	91.81	7/13/2000	97.94	6.68	88,437.58	8	480,204.31
多头	QQQ	15,306	7/28/2000	92.19	8/9/2000	93.69	1.63	22,959.00	8	503,163.31

续表

头寸	代码	份额	进场日期	买入价格	离场日期	卖出价格	价差	净利润	持有天数	累计利润
多头	QQQ	15,386	9/12/2000	93.5	9/20/2000	93.37	-0.14	-2,000.14	6	501,163.19
多头	QQQ	16,977	10/4/2000	83.5	10/16/2000	81.12	-2.85	-40,405.21	8	460,757.97
空头	QQQ	16,314	10/20/2000	84.5	10/26/2000	78.19	7.47	102,941.30	4	563,699.25
多头	QQQ	19,623	11/9/2000	74.75	11/16/2000	75.37	0.83	12,166.31	5	575,865.56
空头	QQQ	23,785	11/30/2000	61.75	12/4/2000	64.12	3.84	56,370.52	2	632,236.06
空头	QQQ	21,935	12/6/2000	70.59	12/15/2000	64.25	8.98	139,067.81	7	771,303.88
多头	QQQ	31,488	1/3/2001	52.19	1/4/2001	61.63	18.09	297,246.81	1	1,068,550.75
空头	QQQ	31,726	1/12/2001	62.75	1/26/2001	63.56	-1.29	-25,698.10	9	1,042,852.63
多头	QQQ	33,010	2/9/2001	58.25	2/27/2001	51.54	-11.52	-221,497.06	11	821,355.56
空头	QQQ	35,026	3/7/2001	50.4	3/12/2001	44	12.7	224,166.45	3	1,045,522.00
多头	QQQ	44,920	3/20/2001	43.44	3/21/2001	40.52	6.72	131,166.31	1	1,176,688.25
空头	QQQ	48,314	3/23/2001	43.55	3/29/2001	39.38	9.58	201,469.30	4	1,378,157.50
多头	QQQ	65,183	4/4/2001	34.71	4/6/2001	36.9	6.31	142,750.92	2	1,520,908.38
空头	QQQ	58,411	4/12/2001	40.3	4/27/2001	45.15	-12.03	-283,293.47	10	1,237,614.88
多头	QQQ	47,844	5/31/2001	44.54	6/6/2001	48.08	7.95	169,367.80	4	1,406,982.63
多头	QQQ	54,121	6/15/2001	41.8	6/22/2001	43.62	4.35	98,500.20	5	1,505,482.88
空头	QQQ	52,083	7/2/2001	45.65	7/6/2001	43.01	5.78	137,499.28	3	1,642,982.13
空头	QQQ	58,255	8/2/2001	43.79	8/9/2001	40.41	7.72	196,901.97	5	1,839,884.13
多头	QQQ	71,448	8/20/2001	37.85	8/27/2001	39.28	3.78	102,170.66	5	1,942,054.75
空头	QQQ	91,637	9/19/2001	30.64	9/25/2001	29.71	-3.04	-85,222.44	4	1,856,832.25
多头	QQQ	94,663	9/27/2001	28.4	10/4/2001	31.65	11.44	307,654.75	5	2,164,487.00
空头	QQQ	92,500	10/11/2001	33.19	10/30/2001	33.71	-1.57	-48,100.04	13	2,116,387.00
多头	QQQ	76,658	11/21/2001	38.47	11/27/2001	40.05	4.11	121,119.48	3	2,237,506.50
多头	QQQ	79,371	11/29/2001	39.03	12/5/2001	41.2	5.56	172,235.23	4	2,409,741.75

续表

头寸	代码	份额	进场日期	离场日期	买入价格	卖出价格	价差	净利润	持有天数	累计利润
空头	QQQ	75,595	12/6/2001	12/10/2001	42.7	41.32	3.23	104,321.18	2	2,514,063.00
多头	QQQ	86,062	12/21/2001	1/4/2002	39.42	41.95	6.42	217,737.08	8	2,731,800.00
多头	QQQ	94,791	1/23/2002	1/25/2002	37.65	38.47	2.18	77,728.59	2	2,809,528.50
多头	QQQ	102,843	2/8/2002	2/14/2002	35.46	37.15	4.77	173,804.92	4	2,983,333.50
多头	QQQ	113,027	2/22/2002	2/27/2002	33.61	35.39	5.3	201,187.92	3	3,184,521.50
空头	QQQ	107,006	3/5/2002	3/20/2002	36.93	36.87	0.16	6,420.51	11	3,190,942.00
多头	QQQ	113,462	4/3/2002	4/15/2002	35.3	34.43	-2.46	-98,711.82	9	3,092,230.25
多头	QQQ	127,421	5/3/2002	5/9/2002	30.47	31.57	3.61	140,163.16	4	3,232,393.50
空头	QQQ	123,450	5/15/2002	5/28/2002	32.08	31.47	1.9	75,304.81	8	3,307,698.25
多头	QQQ	144,6C4	6/10/2002	6/18/2002	28.36	28.31	-0.18	-7,230.37	6	3,300,468.00
多头	QQQ	154,4C0	6/21/2002	6/25/2002	26.36	26.58	0.83	33,967.89	2	3,334,436.00
空头	QQQ	156,329	7/8/2002	7/26/2002	26.2	22.56	13.89	569,037.75	14	3,903,473.75
多头	QQQ	204,940	8/2/2002	8/15/2002	22.78	24.24	6.41	299,212.22	9	4,202,686.00
空头	QQQ	191,943	8/22/2002	8/28/2002	25.74	24.02	6.68	330,141.84	4	4,532,828.00
空头	QQQ	240,337	9/26/2002	9/27/2002	22.16	21.55	2.75	146,605.72	1	4,679,433.50
空头	QQQ	255,951	10/11/2002	10/30/2002	21.55	24.06	-11.65	-642,437.06	13	4,036,996.50
空头	QQQ	184,754	11/5/2002	11/8/2002	25.71	25.49	0.86	40,645.75	3	4,077,642.25
多头	QQQ	198,426	11/12/2002	11/15/2002	24.4	25.9	6.15	297,639.00	3	4,375,281.00
多头	QQQ	192,191	12/5/2002	12/24/2002	26.95	25.5	-5.38	-278,677.09	13	4,096,604.00
空头	QQQ	183,957	1/7/2003	1/21/2003	26.41	25.41	3.79	183,957.00	9	4,280,561.00
空头	QQQ	198,674	2/19/2003	2/26/2003	25.2	24.68	2.06	103,310.57	5	4,383,871.50
空头	QQQ	199,636	3/14/2003	3/20/2003	25.73	26.54	-3.15	-161,705.44	4	4,222,166.00
多头	QQQ	196,477	4/1/2003	4/17/2003	25.44	26.16	2.83	141,463.31	12	4,363,629.50
多头	QQQ	184,017	5/20/2003	5/28/2003	27.76	29.16	5.04	257,623.73	5	4,621,253.00

案例：SMH 和 QQQ，2002 年 3 月 5 日

当任意两种资产具有高度相关性，且其中一种资产的波动大于另外一种资产时，我们就可以运用这种方法了。例如，SMH（半导体指数）是跟踪半导体行业的 ETF，它与 QQQ 具有关联性（所有 SMH 的成分股都是 QQQ 的成分股），自从 2000 年 6 月 5 日以来，其波动幅度一直比较大。我们以 QQQ 作为配对组合中的另外一方，但只是将 SMH 作为交易的对象。我们运用前面提到的方法进行交易，结果请参见表 2-4。

表 2-4　结果

	全部交易	多头交易	空头交易	买入并持有
全部交易	38	19	19	1
平均利润/亏损(%)	3.90%	2.24%	5.56%	-71.22%
平均持有天数	6.74	6.21	7.26	767
交易成功的次数	26(68.42%)	11(57.89%)	15 (78.95%)	0
平均利润(%)	7.44%	6.47%	8.15%	0.00%
平均持有天数	5.62	4.27	6.6	0
最大连续交易成功次数	6	3	6	0
交易失败的次数	12(31.58%)	8 (42.11%)	4 (21.05%)	1
平均亏损(%)	-3.76%	-3.56%	-4.16%	-71.22%
平均持有天数	9.17	8.88	9.75	767
最大连续交易亏损次数	2	2	1	1

2002 年 2 月下旬，市场上蓝筹股的抛压非常严重。当纳斯达克指数于 1 月份失守 2000 点大关，以及 TYC（泰科国际）和 WCOM（世通公司）等公司受安然公司（Enron）破产事件的影响，投资者开始出现恐慌，并希望能够脱离困境。相对于 QQQ

而言，SMH 连续几天出现 2% 的下跌则显得极为不正常，其股价最终于 3 月 1 日触发 40.77 美元的买入信号。市场在蓝筹股的带领下在三月份的第一个星期出现反弹，而 SMH 和 QQQ 之间的价差在 3 月 5 日回归到正常值水平（距离平均价差低 0.5 个标准差）。我们在 46.85 美元卖出可获利 14.91%（请参见图 2-6）。

图 2-6　SMH 和 QQQ，2002 年 3 月 5 日

案例：KLAC，2001 年 4 月 10 日

本章介绍的方法同样可以用来进行同业公司之间价差的操作。例如，KLAC（科天半导体）和 NVLS（诺发系统公司）是

费城半导体指数的成分股，其比例分别占该指数的 12% 和 9%。根据前面介绍的方法，我们将 KLAC 和 NVLS 进行配对，但是交易对象仅限于 KLAC，交易结果请参见表 2-5。

表 2-5　结果

	全部交易	多头交易	空头交易
全部交易	57	25	32
平均利润/亏损(%)	2.84%	5.99%	0.37%
平均持有天数	6.47	7.04	6.03
交易成功的次数	33 (57.89%)	16 (64.00%)	17 (53.13%)
总利润	$325,058.03	$194,534.89	$130,523.16
平均持有天数	5.52	6.44	4.65
最大连续交易成功次数	10	8	5
交易失败的次数	24 (42.11%)	9 (36.00%)	15 (46.88%)
平均亏损(%)	- 6.75%	- 4.96%	- 7.82%
平均持有天数	7.79	8.11	7.6
最大连续交易亏损次数	6	2	5

在 2001 年 4 月 10 日之前的一周里，KLAC 的下跌幅度超过 25%，而 NVLS（参见图 2-7 中第三个方框）下跌了约 20%。因此，这两只高度相关的股票之间的平均价差较其标准水平低了约 2 个标准差。同时，KLAC 在 4 月 9 日的跌幅大于 2%，至此我们可以确定条件已经成熟。我们在 4 月 10 日以 34.45 美元的价格买入 KLAC 的股票，并持有到它与 NVLS 之间价差的标准差回落到低于 0.5 的水平为止，然后在 4 月 20 日以 53.15 美元卖出，从而获利 54.28%。

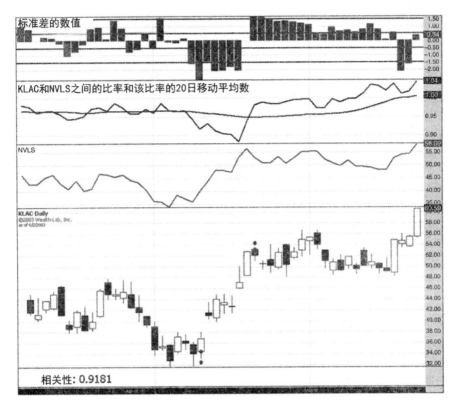

图 2-7　KLAC，2001 年 4 月 10 日

案例：ALTR，2000 年 7 月 17 日

半导体设备制造商 ALTR（艾特拉）和 XLNX（赛灵思）是另外一组具有高度关联性的股票组合，且 ALTR 是两家公司中波动幅度较大的一家。实际上，除了这两家公司以外，在纳斯达克 100 指数中再也找不出其他两家关联度如此之高的公司了。我们将 ALTR 和 XLNX 进行配对，并且以 ALTR 公司的股票作为交易工具，交易结果请参见表 2-6。

表2-6　结果

	全部交易	多头交易	空头交易
全部交易	56	30	26
平均利润/亏损(%)	4.09%	5.06%	2.97%
平均持有天数	7.3	6.4	8.35
交易成功的次数	39(69.64%)	21(70.00%)	18(69.23%)
平均利润(%)	9.88%	10.41%	9.26%
平均持有天数	7.44	6.86	8.11
最大连续交易成功次数	6	5	7
交易失败的次数	17(30.36%)	9(30.00%)	8(30.77%)
平均亏损(%)	-9.18%	-7.41%	-11.17%
平均持有天数	7	5.33	8.88
最大连续交易亏损次数	3	1	3

在2000年7月17日之前的一周里，ALTR的上涨幅度超过20%，而XLNX的涨幅只有12%。结果是，两种资产之间的比率高出该比率的移动平均数2个标准差。ALTR的股价在接下来的一天出现了大涨（有意思的是，其股价却从开盘到收盘一直连续回调），我们随后在第二天开盘的时候以59.22美元做空ALTR。然而，ALTR和XLNX之间的比率直到8天以后（7月27日）才回落到其历史基准水平，当我们在48.47美元进行平仓的时候，可以获利18.15%（参见图2-8）。

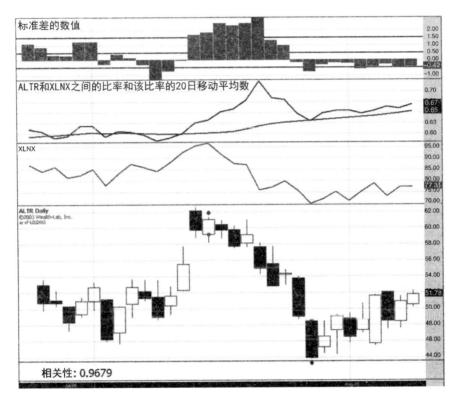

图 2-8　ALTR，2000 年 7 月 17 日

结 论

在超过 1000 只股票和其他众多资产类别——商品、国外股票、指数、债券中，我们有足够的机会去发现两种高度相关的资产，然后将它们进行配对，并且对二者之间的价差进行确定。很多著作中都有关于常见的套利和配对交易方法的介绍，而其他诸如合并套利、相对价值套利、资本结构套利，以及可转债套利方

面的著作也可以在当地的书店中找到。然而，我个人对此的感觉是这些策略是很难在两种资产之间的价差如此之小的基础上获利的。

当我们确定 QQQ 和 SPY、SMH 和 QQQ，以及 KLAC 和 NVLS 这种流动性和关联度很高的证券之间的相关性时，不论市场的走向如何，你都有机会发现两种资产之间的价差。

附录　单方面配对交易程序代码

```
VAR Close1,Close2,RatioPane,StDevPane,TextPane,Bar,Sym,ActualRatioSeries,
ActualRatioSMASeries,DeltaSeries,DeltaSMASeries,
DeltaDifferenceSeries,DeltaNormSeries,MAPeriod:Integer;
VAR Up_Threshold,Down_Threshold,Exit_Up_Threshold,Exit_Down_Threshold,
R,Value,atr1,atr2:float;
VAR Stock1,Stock2,LongSymbol,ShortSymbol,CurrentSymbol,TestSymbol:STRING;
//assigning values to variables
Up_Threshold:=1.5;
Down_Threshold:=-1.5;
Exit_Up_Threshold:=0.5; //positions entered above Up_Threshold are exited here
Exit_Down_Threshold:=-0.5; //positions entered below Down_Threshold are exited
here
//MAPeriod:=#OptVar3;
MAPeriod:=20;
//If you want to enter your symbols manually,comment the code between the  * *
 * *
```

//out and enter your stocks in the lines between the ####,then click on one of

//the stocks of the chosen pair in your watchlist

// *

* *

* * * * * * * * *

//This loop makes sure all series are synchronized

FOR SYM: = 0 TO WatchListCount - 1 DO

SetPrimarySeries(WatchListSymbol(SYM));

//end of synch loop

//find the best correlated symbol

R: = 0. 0;

LongSymbol: = ' ' ;

Value: = -1. 0;

CurrentSymbol: = GetSymbol;

FOR SYM: = 0 TO WatchListCount-1 DO

BEGIN

TestSymbol: = WatchListSymbol(SYM);

SetPrimarySeries(TestSymbol);

Close1: = #Close;

RestorePrimarySeries;

R: = Correlation(Close1 ,#Close ,0 ,BarCount - 1);

Print(TestSymbol + ' ' + FormatFloat(' #. ####' , R));

IF(R>Value) AND(TestSymbol<>GetSymbol) THEN

BEGIN

CurrentSymbol: = TestSymbol;

Value: = R;

44 TRADE LIKE A HEDGE FUND

```
END;

END;

//end of "find the best correlated symbol" code

// * * * * * * * * * * * * * * * * * * * * * * * * * * * * * * * * * *
* * * * * * * * * * * * * * * * * * * * * * * * * * * * * * * * * * * *
* * * * * * * * *
//###################################################################
##########

Stock1: =GetSymbol; //the symbol of the Price Series that is currently being
operated on

Stock2: =CurrentSymbol; //the symbol with the best correlation

//###################################################################
##########

//compute series

SetPrimarySeries(Stock1);

Close1: =#Close;

SetPrimarySeries(Stock2);

Close2: =#Close;

RestorePrimarySeries;

ActualRatioSeries: =DivideSeries(Close1,Close2);

ActualRatioSMASeries: =SMASeries(ActualRatioSeries,MAPeriod);

DeltaSeries: =SubtractSeries(ActualRatioSeries,ActualRatioSMASeries);

DeltaSMASeries: =SMASeries(DeltaSeries,MAPeriod);

DeltaDifferenceSeries: =SubtractSeries(DeltaSeries,DeltaSMASeries);

DeltaNormSeries: =DivideSeries(DeltaDifferenceSeries,StdDevSeries(DeltaSeries,
MAPeriod));

//correlation coefficient
```

```
Value: = Correlation( Close1 ,Close2 ,0 ,BarCount − 1) ;
//graphics
HideVolume ;
EnableNotes( false) ;
RatioPane: = CreatePane( 100 ,True ,True) ;
PlotSeries( ActualRatioSeries ,RatioPane ,#Navy ,#Thick) ;
PlotSeries( ActualRatioSMASeries ,RatioPane ,#Blue ,#Thick) ;
DrawLabel( 'Ratio' + Stock1 +'/' + Stock2 + ' and its'
+ IntToStr( MAPeriod) + ' Period Moving Average' ,RatioPane) ;
StDevPane: = CreatePane( 100 ,True ,True) ;
PlotSeries( DeltaNormSeries ,StDevPane ,#Red ,#ThickHist) ;
DrawHorzLine( Up_Threshold ,StDevPane ,#Black ,#Thick) ;
DrawHorzLine( Down_Threshold ,StDevPane ,#Black ,#Thick) ;
DrawHorzLine( Exit_Down_Threshold ,StDevPane ,#Blue ,#Thick) ;
DrawHorzLine( Exit_Up_Threshold ,StDevPane ,#Blue ,#Thick) ;
DrawLabel( 'no of standard deviations' ,StDevPane) ;
TextPane: = CreatePane( 40 ,False ,False) ;
DrawText( 'Correlation:' + FormatFloat ( '0. ####' , Value) , TextPane, 10, 10, #
Black ,
18 ) ;
//procedures
How to Play the QQQ−SPY Spread Using Unilateral Pairs Trading 45
PROCEDURE Close_Positions( ) ;
BEGIN
if ( ShortSymbol = Stock1) then LongSymbol: = Stock2
else LongSymbol: = Stock1 ;
SetPrimarySeries( ShortSymbol) ;
```

```
CoverAtMarket( Bar + 1,LastPosition − 1,'Cover' + ShortSymbol);

SetPrimarySeries( LongSymbol);

SellAtMarket( Bar + 1,LastPosition,'Sell' + LongSymbol);

RestorePrimarySeries;

END;

PROCEDURE Enter_Positions( );

BEGIN

if ( ShortSymbol = Stock1) then LongSymbol: = Stock2

else LongSymbol: = Stock1;

SetPrimarySeries( ShortSymbol);

if ShortSymbol = stock1 then

ShortAtMarket( Bar + 1,'ShortSell' + ShortSymbol);

SetPrimarySeries( LongSymbol);

if longsymbol = stock1 then

BuyAtMarket( Bar + 1,'Buy' + LongSymbol);

RestorePrimarySeries;

END;

//main loop

FOR Bar: = MAPeriod + 20 TO BarCount − 1 DO

BEGIN

setprimaryseries( Stock2);

atr2: = ATR( Bar − 1,125);

restoreprimaryseries( );

atr1: = ATR( Bar − 1,125);

if atr1 /priceclose( Bar − 1) > atr2 /GetSeriesValue( Bar − 1,Close2) ∗ 1. 0 then

begin

//applyautostops( Bar);
```

```
IF LastPositionActive THEN

BEGIN

IF ( ( GetSeriesValue( Bar, DeltaNormSeries) <Exit_Up_Threshold) AND( ShortSymbol
=Stock1) ) THEN

BEGIN

ShortSymbol: =Stock1;

Close_Positions( );

END; //< Exit_Up_Threshold

IF( ( GetSeriesValue( Bar, DeltaNormSeries) > Exit_Down_Threshold) AND
( ShortSymbol =Stock2) ) THEN

BEGIN

46 TRADE LIKE A HEDGE FUND

ShortSymbol: =Stock2;

Close_Positions( );

END; //< Exit_Up_Threshold

END //if LastPositionActive

ELSE //no position active

BEGIN

IF GetSeriesValue( Bar, DeltaNormSeries) >Up_Threshold THEN

BEGIN

if ( priceclose( Bar) > priceclose( Bar-1) * 1. 02) then

begin

ShortSymbol: =Stock1;

Enter_Positions( );

end;

END; //if > Up_Threshold

IF GetSeriesValue( Bar, DeltaNormSeries) < Down_Threshold THEN
```

```
BEGIN
ShortSymbol: = Stock2;
if priceclose( bar) < priceclose( Bar − 1)  ∗ 0. 98 then
Enter_Positions( );
END; //if < Down_Threshold
END; //else
END;
END;
```

第3章 买入"破产公司"的股票

很多最好的分析方法都是需要我们付出一定的代价才能够学到的——比如说赔钱。2002年12月9日,我在回家的路上得知了美国联合航空公司(UAL)破产这一消息,等到我再次关注市场的时候,美国联合航空公司(UAL)的股价已经从64美分的低点反弹至超过1美元,我心想,这可是市场送给我的免费午餐啊!于是我在1.09美元的价位上做空这只股票,但是出人意料的是,其股价却在几天以后攀升至2美元。

在我观察过的大多数的破产事件中,我发现美国联合航空公司(UAL)的破产事件并没有什么特别之处。在大多数的案例中,如果一家公司濒临破产,其股票将会停牌。其复牌后的开盘价将会较停牌前大幅下挫,然后股价迅速翻番。很多人对于公司破产的观点就是该股票的价值将逐渐趋于零。那么当股票价格在复牌后马上出现拉升行情的时候,空头逼仓(short squeeze)的现象就会出现。

表3-1显示了一些最近发生的大型公司破产的案例,这些公司在根据联邦破产法第11章(chapter 11,主要是关于破产保护)申请破产保护之后,向市场释放了足够的流动性。我们

在此只列举了 6 家公司，但是它们的数据并不显著。通常来说，濒临破产的公司为交易提供的流动性并不充裕。在这种情况下，我认为这种引人注目的公司破产事件将会导致其股价的持续下跌。

表 3-1　近期的破产事件

股票	申请破产日期	复牌后的开盘价（美元）	复牌后的最高价（美元）	收益率（%）
施瓦茨公司（FAOOQ）	1/13/02	0.25	0.63	152
美国联合航空公司（UAL）	12/9/02	0.64	2.09	226
凯马特（KMRTQ）	1/22/02	0.70	1.63	133
安然公司（ENRNQ）	12/3/01	0.26	1.26	385
世通公司（WCOEQ）	7/21/02	0.08	0.17	113
全美航空公司（US Airways）	8/14/02	0.25	0.75	200

案例：美国联合航空公司（UAL）

美国联合航空公司（UAL）于 2002 年 12 月 9 日正式申请破产保护（根据联邦破产法第 11 章）。其股票当日的开盘价为 0.64 美元，但是到了 12 月 13 日，美国联合航空公司的股票报收于 2.09 美元（参见图 3-1）。

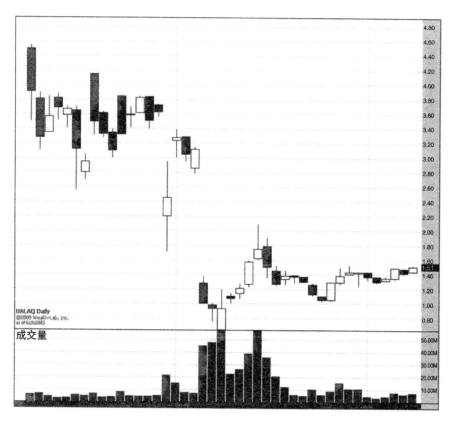

图 3-1 美国联合航空公司 (UAL)

案例: 凯马特 (Kmart)

凯马特公司多年来一直处于破产的边缘, 并最终于 2002 年 1 月 22 日申请破产保护。其股票在复牌之后以 70 美分的价格开盘, 6 个交易日之后, 即 2002 年 1 月 30 日, 该公司的股票已经上涨到 1.63 美元的高点 (参见图 3-2)。

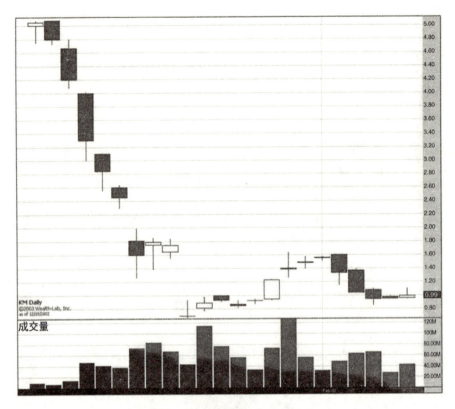

图 3-2　凯马特（Kmart）

案例：世通公司（WCOM）

世通公司（WorldCom）于 2002 年上半年土崩瓦解。2002 年 2 月，我曾经利用均值回归的方法以 6 美分的价格买入世通公司的股票，并且在 1 周后以 9 美分的价格将其全部抛出。当时我的感觉非常好，但是当我看到《财富》杂志上刊登了一篇关于世通公司的信用衍生产品是如何在其股票还在上涨的时候突然崩盘的文章时，我不禁想到了一个问题：怎么可能会这样呢？我在仔细阅读了这家公司的破产申请之后得到的结论是，尽管世通公司负债累累，但是其债务几乎没有少于 1 年期的。然而，世通公司随后爆出的丑闻解开了所有的谜团，其股票的交易量在随后的交易日里几乎为零（参见图 3-3）。

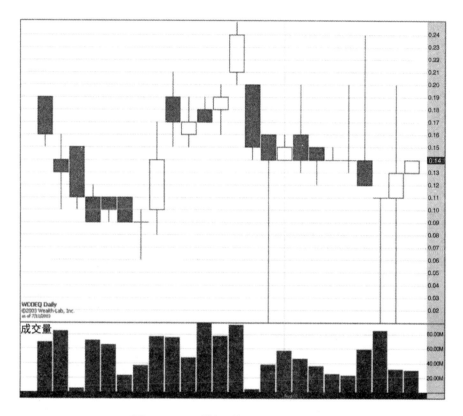

图 3-3　世通公司（WCOM）

　　世通公司于 2002 年 7 月 21 日递交破产保护申请，其股票第二天以 10 美分的价格开盘。一天之后，该公司的股价就触及了 21 美分的新高，涨幅超过 100%。

　　有人会提出疑问："10 美分？我怎么可能在这上面赚到钱呢！"一般情况下，你提出质疑是完全正确的。然而，在这个案例中，在世通公司的股票复牌后拉升的那个交易日以及随后的第二个交易日里，成交量超过 7000 万股。普通投资者直接通过经纪人（只需向其支付 5 美元的佣金）就可以很容易地在任意一个交易方向中获得 10 万股或者更多。这真可以称得上是收获颇丰的一天。

第4章　涨跌点指标的运用

在诸如看涨/看跌比率（put/call ratio）、波动指数（Volatility Index，VIX），以及涨跌趋势线（advance/decline line）等人气指标中，纽约证券交易所（New York Stock Exchange）的涨跌点指标（Tick indicator）也许是在交易日当天使用的最原始的一种表示投资者人气的指标。TICK 指标旨在根据当天投资者情绪的变化进行能够获利的交易。在本章的内容中，我将介绍两种用于该交易的方法。

纽约证券交易所的涨跌点指标（Tick indicator）是指用上涨的股票数量（过去两天之内）减去下跌的股票数量。例如，如果 TICK 指标是+300，则表明在过去的两天里，上涨的股票要比下跌的股票多300家。市场在这种情况下是很有可能出现上涨的，这是因为处于上涨趋势中的股票要比下跌的股票多300家。反之，如果 TICK 指标是-300，则说明此时下跌的股票要比上涨的股票多300家。如果 TICK 指标处于-300 的位置，那么市场将有可能走出下跌的行情。

在某个特别的交易口中，TICK 指标的范围处于+400 到-400 之间，而更加极端的数字则可能会达到+1000 到-1000 之间。在

2001 年 9 月 11 日之后的一周时间里，曾经多次出现过 TICK 指标的范围处于+1000 到-1000 之间的情况。同理，在那个星期之后的时间里，类似+1000 这种极端读数的情况就很少出现了。当出现大于+1000 这种情况时，我们就会认为市场处于超买状态，这是因为可能有太多的公司都出现了上涨。而当-1000 这种情况出现时，则表示市场处于超卖的状态，很多家公司的股票价格已经低于最佳卖盘价。因此，我们可以在这些出现市场恐慌的时刻寻找最佳的交易时机。

同理，如果 TICK 指标在半个小时之内一直是负值，而没有出现过真正的上涨，那么这种情况就表明市场处于超卖的状态——因为有太多的交易者出于恐慌而抛售手中的股票。如果 TICK 指标在半个小时之内一直是正值，而没有出现过真正的下跌，那么这种情况就表明市场处于超买的状态。上面提到的这些情况就是我要在接下来的内容中进行介绍的方法。

在我运用涨跌点指标（Tick indicator）这种方法进行全部的测试和绘制图表的过程中，我使用的是半个小时的数据，时间从上午 9 点 30 分到下午 4 点。第一个半小时是从 9 点 30 分到 10 点，第二个半小时是从 10 点到 10 点 30 分，以此类推。你也可以利用其他各种绘图软件程序来记录 TICK 指标和其他股票的半小时柱形图。

涨跌点指标（Tick indicator）
方法在交易日当天的运用

- 在任意半小时的柱形图中，当 TICK 指标的最高值达到

−50 时买入股票，然后持有到下一个半小时的开始，或者当 QQQ 的读数低于之前半小时的最低点时，买入 QQQ。

● 当能够获利 2% 的时候马上卖出手中的股票，或者当 TICK 指标触及最少 400 这个高位值时，在半小时柱形图的最后时点卖出股票，再或者当已经过去 10 个小时（从开盘时间算起，隔夜时间忽略不计），也没有出现以上提到的两种情况之一的情况下，马上卖出手中的股票。

2002 年 8 月 8 日，市场出现了走坏的迹象。同年 7 月 24 日，市场更是创出多年以来的新低，随后市场出现反弹——最糟糕的情况还不止如此。在每隔　周发布的新经济数据中出现了诸如世界经济崩盘、通货紧缩、通货膨胀等字眼。我在凌晨 3 点钟起来查看日经指数（Nikkei），看到的却是其又创下了另外一个 17 年的新低（我已经想不起来 17 年前的事情了，更不用说回忆起 17 年前这个市场出现的惨状了）。我随后又在摩根士丹利的网站上查阅了斯蒂芬·罗奇（Stephen Roach，摩根士丹利首席经济学家）的专栏，然而，他的观点是美国现在的经济状况与 1931 年的时候如出一辙（尽管实际上我们的失业率是 25%）。

与此同时，巴基斯坦和印度又在核武问题上产生了摩擦，而人们此时又在为针对美国本土的恐怖袭击感到忧心忡忡。乔治·索罗斯（George Soros）更是预言美元将会被卷入死亡漩涡。那么，在这段让人头脑发胀的日子里，人们将通过哪种途径来缓解压力呢？答案就是抛售手中的股票——大量地抛售。

案例：交易QQQ，2002年8月2日

图4-1显示了QQQ在2002年8月2日的交易情况。最上面方框中的线表示的是纽约证券交易所的涨跌点指标（Tick indicator）每半小时所触及的高点。最下面方框中的柱形图则表示每半小时QQQ成交量的柱形图（柱形图的时间从上午10点30分到下午4点）。中间的方框表示每半小时QQQ的最高价和最低价。我们可以看到，QQQ从22.60美元下跌到21.90美元，而TICK指标每半小时的高点则徘徊在+600到-100之间。

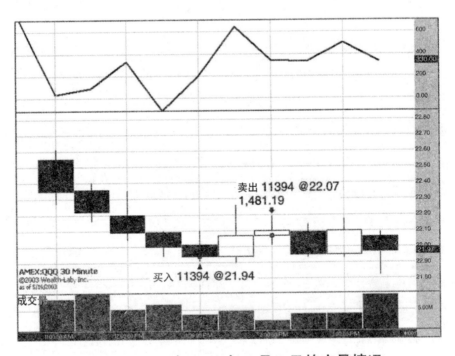

图4-1　QQQ在2002年8月2日的交易情况

显然，在 12 点到 12 点 30 分这半小时的时间里，剩下的交易者都去吃午饭了，而 TICK 指标在这期间却没有超过 -100。12 点 30 分的时候，TICK 指标继续下探，而我们则以 21.94 美元的价格进行买入操作。在 1 点到 1 点 30 分的这段时间里，TICK 指标在 QQQ 没有达到赢利目标的情况下触及了 +400 这个读数。这种情况意味着，如果我们以接下来的半小时的开盘价 22.07 美元卖出的话，就可以在 1 个小时的时间里获利 0.59%。

然而，事情仍然朝着更坏的方向发展。2002 年 10 月 7 日，市场又创出了另外一个多年以来的新低。

案例：交易 QQQ，2002 年 10 月 7 日

正如你在图 4-2 中所看到的那样，从 2002 年 10 月 7 日 3 点到 3 点 30 分的这段时间里，TICK 指标并没有移动到超过 -100 的水平。TICK 指标在 3 点 30 分到 4 点的时间段里继续走低，且 QQQ 下探到 20.00 美元。而市场则在反弹之前继续下跌了 0.5 个百分点（也许是由于一旦整数关失守，会导致短期持有者发生恐慌的缘故）。在接下来的一个交易日——即 10 月 8 日开盘后不久，就在市场马上将要创出新的单日新低之前，QQQ 触及 20.40 美元的目标位，我们正好借此机会了结头寸。结果请参见表 4-1。从表中我们可以看到，80% 的交易是成功的，每笔交易的赢利是 0.88%。

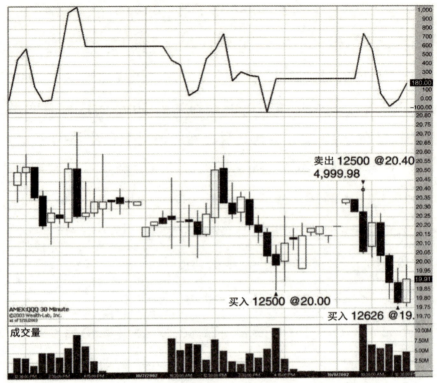

图 4-2　QQQ 在 2002 年 10 月 7 日的交易情况

表 4-1　涨跌点指标（Tick indicator）方法在交易日当天的运用：
　　　　交易 QQQ，1999 年 3 月 24 日—2003 年 6 月 30 日

	全部交易
总交易次数	46
平均利润/亏损（%）	0.88%
平均持有天数	5.61
交易成功的次数	37（80.43%）
平均利润（%）	1.51%
平均持有天数	4.43
最大连续交易成功次数	13
交易失败的次数	9（19.57%）
平均亏损（%）	－ 1.73%
平均持有天数	10.44
最大连续交易亏损次数	3

案例：NVDA，2002 年 10 月 7 日

本章介绍的方法同样适用于诸如 NVDA（英伟达）这类波动性比较大的股票。图 4-3 与图 4-2 中的交易日是同一天，只是交易的对象由 QQQ 变为了 Nvidia（纳斯达克股票代码：NVDA）。正如你所看到的那样，我们运用这种方法在 3 点 30 分到 4 点之间捕捉到了 7.70 美元这个价格。其在下一个交易日以 7.96 美元跳空高开，而我们则在 8 点 30 分的时候将其卖出。结果请参见表 4-2。

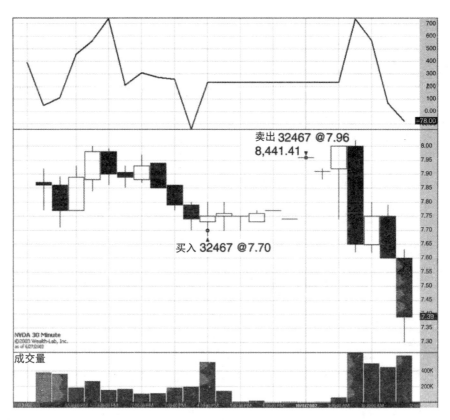

图 4-3　NVDA 在 2002 年 10 月 7 日的交易情况

表 4-2　涨跌点指标（Tick indicator）方法在交易日当天的运用：交易 NVDA，1999 年 1 月 1 日—1999 年 6 月 30 日

	全部交易
总交易次数	34
平均利润/亏损（%）	1.28%
平均持有天数	3.74
交易成功的次数	29（85.29%）
平均利润（%）	1.86%
平均持有天数	2.93
最大连续交易成功次数	16
交易失败的次数	5（14.71%）
平均亏损（%）	－ 2.12%
平均持有天数	8.4
最大连续交易亏损次数	2

涨跌点指标（Tick indicator）方法在交易日当天的运用的变体：低级别恐慌的攻击

市场在某些情况下并没有出现急跌的行情，而是呈现出持续下跌几个小时的行情。如果你在这些时点上持有多头头寸的话，那么再紧盯着报价的大屏幕无疑就是一种痛苦。你还不如利用这段时间去打打篮球。当你再次回到大屏幕前的时候，如果市场整天仍旧处于下跌的行情中，那么你就可以按照下面介绍的方法寻找机会进行操作了。

当 TICK 指标的半小时柱形图连续出现 5 个低于-400 的读数时，然后等待下一个半小时柱形图的出现，当 QQQ 触及第 5 根柱形图的低点时再买入股票。

当你手中的头寸可以获利 1% 的时候将股票卖出，或者当 TICK 指标大于 400 时，则在当前的这个半小时柱形图形成的最后时刻卖出。如果在 4 天之后没有出现上述任意一种情况，则在当天交易结束的时候卖出股票。

这种方法的基本思路是：我们要在连续出现 2 个小时抛售股票的行情下寻找时机。市场每一次试图反弹时，都会出现反复的下跌。而最终存活下来的多头在某种程度上要比那些提前卖出股票的短期多头强很多。然而，这种情况并不意味着市场就会上涨，它只是增加了利于市场反弹的机会而已。

案例：QQQ，2002 年 3 月 25 日

图 4-4 中第一个方框中的上面那条线表示每半个小时 TICK 指标的最高读数，而下面的那条线则表示每半个小时 TICK 指标的最低读数。正如你所看到的那样，市场在中午 12 点的时候出现了连续 5 个表示 TICK 指标极端低值的柱形图。这种情况就意味着至少每半小时就会出现一波大规模的抛售。如果你在这个时候持有的是多头头寸，那么无论是多么坚强的人也会扛不住的。

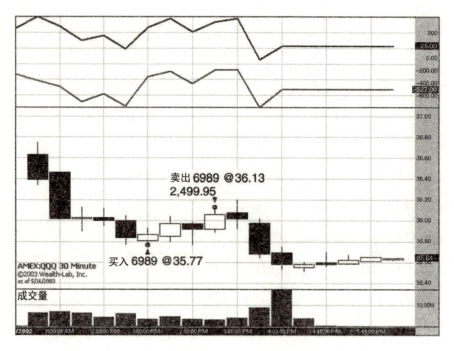

图 4-4　QQQ 在 2002 年 3 月 25 日的交易情况

　　这种方法需要你掌握的是，在 10 点到 12 点 30 分之间的这 5
根柱形图之后寻找潜在的交易机会。我们在 5 根柱形图的低点
（10 点到 12 点 30 分之间的低点）以 35.77 美元的价格挂单买入
QQQ 并且交易成功。在之后不到 2 个小时的时间里（2 点到 2 点
30 分之间），已经上涨到 36.13 美元的 QQQ 可以让我们获利 1%。

　　总体来说，这种方法的成功率接近 80%，每笔交易的平均预
期值是 0.50%，请参见表 4-3。

表 4-3　涨跌点指标（Tick indicator）方法在交易日当天的运用 2：
交易 QQQ，1999 年 3 月—2003 年 6 月

	全部交易
总交易次数	174
平均利润/亏损（%）	0.50%
平均持有天数	4.82
交易成功的次数	136（78.16%）
平均持有天数	3.59
最大连续交易成功次数	21
交易失败的次数	38（21.84%）
平均持有天数	9.21
最大连续交易亏损次数	5

为了提高成功率和每笔交易的预期值，你可以采取以下三种方法中的任何一种：

- 寻找更低的 TICK 指标值。用更多的-600 读数取代-400 读数。
- 等待更多可进行确认的柱形图的出现。我们不需要在连续 5 个表示低 TICK 指标读数的柱形图之后买入股票，而是等待出现 6 个或者更多的柱形图出现。
- 在 10 个表示低 TICK 指标读数的柱形图之中的第 6 个柱形图处买入股票，而不是在第 5 个柱形图处买入。

例如，按照之前介绍的方法对 QQQ 进行操作（寻找更多的

-600读数取代-400读数这种情况除外）的结果请参见表4-4。从表4-4中我们看到，成功的概率提高到94%，每笔交易的预期值也提高到0.85%。如果这些数值出现下降，则说明你进行的交易次数太少了。

表4-4　涨跌点指标（Tick indicator）方法在交易日当天的运用3：
在 TICK 指标柱形图读数小于-600 的情况下交易 QQQ，
1999 年 3 月—2003 年 6 月

	全部交易
总交易次数	33
平均利润/亏损（%）	0.85%
平均持有天数	4.12
交易成功的次数	31（93.94%）
平均利润（%）	0.97%
平均持有天数	3.26
最大连续交易成功次数	15
交易失败的次数	2（6.06%）
平均亏损（%）	-1.12
平均持有天数	17.5
最大连续交易亏损次数	1

结论

在运用本章介绍的方法时要注意一个问题，即如果出现上涨的情况是不能够进行做空交易的。这是为什么呢？我也不太清楚。也许是因为做空这种行为会让我们感到不舒服的缘故吧。比如说，当 TICK 指标大于 1000 时（极端的超买行为），已经有很多的人开始准备做空了，当市场触及下一个高点的时候，卖空者便处于扎空头的状态下，而市场则在此推动下继续走高。不论出现哪种情况，TICK 指标都是用来衡量恐慌，而不是贪婪的最佳工具。在熊市中是不会出现这种极端恐慌的情况的。在 1994 年、1997 年、1998 年和 1999 年，市场曾经触及极端的低点。价格的波动和恐慌的出现已经成了不争的事实，而这在熊市当中并不算是异常的情况。

　　涨跌点指标（Tick indicator）是我们在市场中最有可能使用的最为原始的衡量恐慌的工具。该指标每时每刻都在把市场中的恐慌情绪归结为一个单一的数字。买入那些处于这种极端条件下的股票，可以让我们大获成功。

第 5 章　运用布林带

　　布林带是指围绕在一只股票的移动平均线周围的交易区间，通常用来确定股票是否处于超买/超卖的状态，它是以第一个使用布林带并对其进行记述的约翰·布林格（John Bollinger）的名字命名的。布林带是通过在一只股票的移动平均线（10 日线表示短期，20 日线表示中期，200 日线表示长期）的周围用代表标准差的数字 x 计算布林带的上轨和下轨的。

　　使用布林带的基本思路是：当一只股票触及布林带的上轨时，通常表示该股票的价格现在处于超买状态，此时我们应当进行空头操作；而当股票触及布林带的下轨时，则说明该只股票处于超卖状态，我们应当进行买入操作。股票的价格将向着移动平均线回归。

　　图 5-1 显示的是使用 20 日移动平均线和标准差为 2 的 CHKP 公司的布林带。

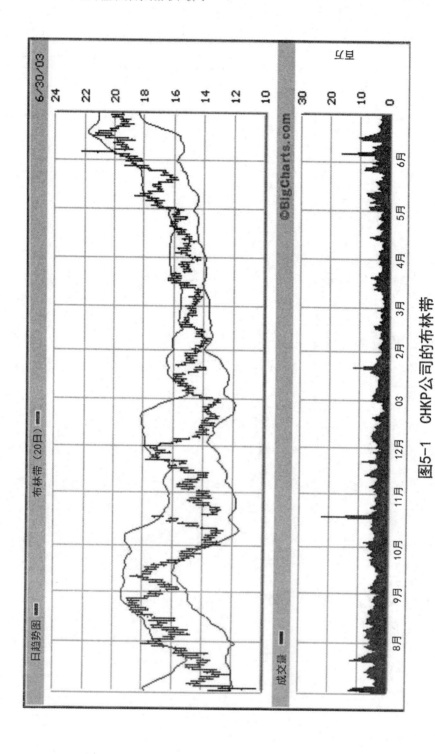

图5-1　CHKP公司的布林带

布林带方法

- 使用 20 日移动平均线和数值为 2 的标准差，在一只股票触及布林带的下轨时买入。
- 当股票回归其移动平均线的时候卖出。

案例：CHKP（柏林图表），2001 年 7 月 11 日

2001 年 7 月 11 日，CHKP（参见图 5-2）跳空下跌并触及其布林线的下轨 40.45 美元。我们在其股价于 7 月 27 日上涨到 42.69 美元的时候卖出，可以获得 5.51% 的利润（结果请参见表 5-1）。

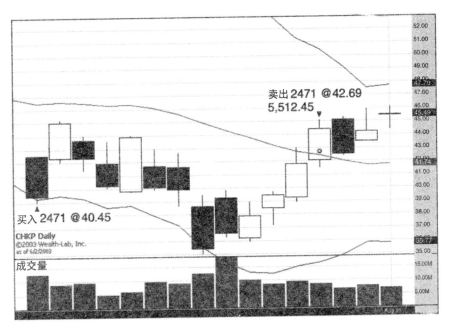

图 5-2　CHKP，2001 年 7 月 11 日

表 5-1 布林带的基本方法:

纳斯达克 100 指数,1998 年 1 月 1 日—2003 年 6 月 1 日

	全部交易
全部交易	3,352
平均利润/亏损（%）	1.96%
平均持有天数	9.38
交易成功的次数	2428（72.43%）
平均利润（%）	7.32%
平均持有天数	5.21
最大连续交易成功次数	63
交易失败的次数	924（27.57%）
平均亏损（%）	- 12.12%
平均持有天数	20.35
最大连续交易亏损次数	15

我们的基本观点是:持股并在能够获得相当收益的情况下进行交割。在应用这种方法的基础上,我对每笔交易的成功概率和收益率方面存在着一些困惑。一方面,我并不太愿意持有股票并等到其回归移动平均线;另一方面,即使一家公司陷入破产（请参见第 3 章中我对有关公司破产案例的分析）的困境,其股票也不会呈现出直上直下的走势。一只股票下跌的速度越快,其反弹的速度也就越快。然而,如果一家公司真的陷入巨大的困境,那么随着时间的推移,其股价也会在有限的涨幅之后滑落下去,而该只股票的移动平均线和赢利的可能性也将随之下降。

运用短期布林带方法实现赢利的目标

我的关注点不在于股票只是简单地触及布林带，而是当股价突破这条布林带之后会出现什么情况，也就是我所说的"%b"这一概念。"%b"是指股票价格相对于其布林带的百分比。如果股票价格位于上下两条布林带的中心，那么"%b"等于50；如果股价触及布林带的上轨，那么"%b"等于100；如果股价低于布林带的下轨，则"%b"就是负值。具体的计算方法请参见下面的公式：

$$100 \times \left(\frac{\text{股票价格－布林带下轨}}{\text{布林带上轨－布林带下轨}} \right)$$

结果如下：

- 运用10日移动平均线和1.5的标准差，当"%b"低于–20的时候买入股票并持有到当日收盘结束，即使在达到了赢利目标的情况下也如此操作。

- 要么在达到了15%的收益目标时卖出，要么在继续持有4天后卖出（以最先满足条件的那种情况为主）。

通过运用10日移动平均线就可以更快地抓住一波上涨的行情。我们现在运用%b为–20来确认布林带的关键性突破。如果我们不将目标设定为持有 4 天，那么我们就会经历股价飙升的行情。

案例：SEBL（希柏系统，Siebel Systems），1998 年 8 月 31 日

1998 年 8 月 31 日，长期资本管理公司（LTCM）危机的出现，将整个市场推向了混乱的高潮。恐慌随即开始蔓延，人们对市场的前景一致看衰。在经过了一波 9 连阴的走势后（其中有 4 天击穿了布林带的下轨），SEBL 股价最终于 8 月 31 日触及我们的买入目标价位 4.81 美元。该只股票第二天开始反弹，股价触及 5.54 美元，涨幅 15%（参见图 5-3）。

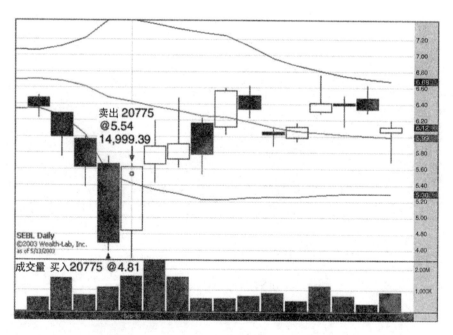

图 5-3　SEBL，1998 年 8 月 31 日

案例：BRCD（博科通讯，Brocade），2000 年 4 月 14 日

2000 年 4 月 14 日，对于科技股来说就如同世界末日一般。我那时正在华尔街 44 号上班，当我晚上下班的时候，有人半开玩笑地警告路上的行人要远离人行横道，原因是他们怕有人从楼下跳下来砸到路人。然而，尽管心情比较痛苦，但是对于我来说这是进行短线交易的最佳买入时机。正如图 5-4 所显示的那样，当天 BRCD 公司的股价触及 46.42 美元的买入信号点。该股于 4 月 17 日开始反弹，并在 4 月 18 日上涨到 53.38 美元，实现了 15% 的赢利目标（结果请参见表 5-2）。

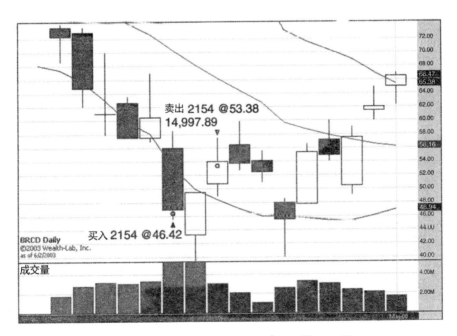

图 5-4 BRCD，2000 年 4 月 14 日

表 5-2　短期布林线方法：纳斯达克 100 指数，
1998 年 1 月 1 日—2003 年 6 月 1 日

	全部交易
全部交易	265
平均利润/亏损（%）	8.66%
平均持有天数	2.46
交易成功的次数	202（76.23%）
平均利润（%）	14.75%
平均持有天数	1.98
最大连续交易成功次数	21
交易失败的次数	63（23.77%）
平均亏损（%）	-10.87%
平均持有天数	4
最大连续交易亏损次数	3

如何进行做空交易？

正如市场很少会出现直线式的下跌走势那样，市场也不会呈一条直线地上涨。对于空头来说，我们尝试将短期布林带进行反转：

- 我们运用 10 日移动平均线和 1.5 的标准差，当一只股票的 %b 超过 120 的时候做空该股票。

- 至少持有到当日收盘结束，即使在达到了赢利目标的情况下也如此操作。

- 要么在达到了 15% 的收益目标时平仓，要么在继续持有 4 天后平仓（以最先满足条件的那种情况为主）。

案例：NVDA（英伟达），1999 年 8 月 19 日

正如我们所想象的那样，当 1999 年互联网泡沫破裂的时候，我们可以找到很多做空交易的案例。请看图 5-5。NVDA 公司在 1999 年到 2001 年间成了市场的热点，其股价在 1999 年 8 月 19 日突破了上端的布林带 20%，收于 6.80 美元，这一价位距离发出做空信号的 7.09 美元只有 5%。我们在 4 天之后以 6.25 美元平仓之后，能够获得 8% 的利润。

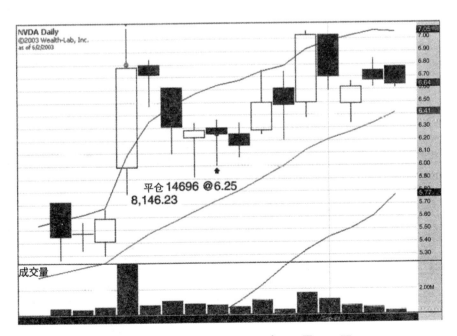

图 5-5　NVDA，1999 年 8 月 19 日

表 5-3 显示的结果并不是很突出。每笔交易的收益率是
1.50%，虽然结果还说得过去，但是与我们看到的其他类似的交
易结果相比，这个数值偏低。而且，相对于其他的布林带方法而
言，出现这种情况的概率也不是很高。

表 5-3 运用布林带做空的方法：NVDA 公司，1999 年 8 月 19 日

	全部交易
全部交易	219
平均利润/亏损（%）	1.50%
平均持有天数	3.59
交易成功的次数	139（63.47%）
平均利润（%）	9.79%
平均持有天数	3.35
最大连续交易成功次数	11
交易失败的次数	80（36.53%）
平均亏损（%）	-12.91%
平均持有天数	4.01
最大连续交易亏损次数	3

一般来说，我并不关注我进行的是多头还是空头交易，我所
要说明的是：做空并不是做多的反义词。它更像是做多的一种变
化形式，特别是在经历了某种极端的走势之后，做空的效果往往
并不明显。

第6章　5美元以下的股票

一般情况下，投资者都会选择远离低价股（买入5美元以下的股票）。通过谷歌搜索引擎查找"5美元以下的股票"和"低价股"，我无意中发现很多的文章、新闻通讯、咨询服务都做出过如下的阐述：破产的最佳途径就是买入低价股。它们都提出了某些相同的原因：

- 自从这些股票跌破5美元以后，就再也没有回到5美元这个价位。
- 5美元以下的股票更加容易受到操控。
- 一只跌破5美元的股票，背后总会有"某种原因"。

然而，上面提到的这些内容对于对冲基金交易者来说绝对是个好消息。由于整个市场中弥漫着对低价股股票的恐慌，从而导致低价股产生了高风险溢价，因此，整个低价股板块不仅是比较容易进行操作的，而且也是一种重要的交易工具。

案例：OVER（GoTo. com），2001年12月21日

截至2001年年底，OVER公司仍然沿用GoTo. com这个名称，而当时针对网络公司的抵触情绪依然是市场的主流。此时的Go-To. com还没有确定其商业模式（对于GoTo. com的定位是搜索引

擎，还是一个靠卖广告赚取高流量的网站呢），但是市场可不会给它留下思考的时间。该公司的股票在整个12月份呈自由落体式下跌（在雅虎的留言板海报上写着"避税出售"，意在自我保护），从表面上看，这只股票已经没有任何希望了——其股价跌到5美元一股，并于2001年12月21日触及52周低点（图6-1）。然而，如果你在5美元的价位上买入并持有一个月，然后在2002年1月24日以12.19美元将其卖出的话，你就会从中获得143%的收益。

图6-1　OVER公司，2001年12月21日

案例：INFT（Inforte）公司，2002年9月30日

INFT（Inforte）公司对自己的定位是"客户和需求管理咨询公司"，这种模糊的表述似乎是在表明他们是一家信息技术服务

公司（IT）。对 IT 服务的需求已经连续两年出现下滑，而行业的整体环境也没有太大的起色。很多家与 INFT 公司同时上市的公司要么相继破产，要么股价只剩下几分钱。INFT 公司的股票在 2002 年 9 月 30 日跌破 5 美元，并于 2002 年 10 月 3 日触及 4.75 美元的 52 周低点。然而，该公司利用存放在银行的 5000 万美元无负债现金，在 4.75 美元的价位上进行了等额的市值交易。如果你以 5 美元一股的价格买入，并持有一个月，然后在 2002 年 10 月 29 日卖出，你就可以提前锁定 56% 的赢利（图 6-2）。

图 6-2　INFT 公司，2002 年 9 月 30 日

　　但是，并不是每一次买入低价股都那么幸运。我们来看下面的案例。

案例：世通公司（WCOM），2002年4月10日

世通公司（WCOM）几乎在一夜之间土崩瓦解。我记得在 2002 年的春天读过一篇对一名顶级投资者进行的专访，他在专访中说道："人们现在才开始意识到世通公司是一只有价值的股票，我们将很快看到其股价翻一番或者翻两番。"几个月后，人们注意到世通公司卷入了价值数十亿美元的诈骗案当中。随着公司涉及的诈骗案件越来越多，通过多头的操作将很难从中获得赢利（在第 3 章中，我们对世通公司根据联邦破产法第 11 章递交破产保护申请后是如何实现短期赢利的进行了描述）。

2002 年 4 月 10 日，世通公司的股票在本年度第一次跌破 5 美元（图 6-3）。当一个星期之后该公司的股价上涨到 7 美元一股的时候，我们似乎看到了其股价复苏的趋势。然而，如果你在当时（4 月 10 日）买入股票并持有一个月，然后在 2002 年 5 月 9 日以 2.01 美元卖出的时候，你的这笔投资将会亏损 60%。

图 6-3　世通公司（WCOM），2002 年 4 月 10 日

买入 5 美元以下的股票

世通公司（WCOM）的案例清楚地告诉了我们操作低价股所面临的风险。除了 INFT 公司的案例以外，我们不仅很难区分世通公司和 OVER 公司之间的差异，而且也很难通过基本面和技术层面判断买入哪只股票。也就是说，下面介绍的方法会产生一些有意思的结果：

- 当一只股票的 52 周低点超过 5 美元，或者当其跌破 5 美元的时候买入。
- 持有一个月后将股票卖出。

结果请参见表 6-1，表中显示了每笔交易 11.2% 的平均收益率，以及自 1998 年以来同类股票接近于 0% 的平均月度收益率。

表 6-1　包括纽约证券交易所（NYSE）、纳斯达克（Nasdaq）和美国证券交易所（AMEX）在内的所有 7000 只股票（包含已经被剔除的股票）的数据，时间从 1998 年 1 月 1 日到 2003 年 1 月 1 日

	全部交易
全部交易	1,886
平均利润/亏损(%)	11.2%
交易成功的次数	1110（58.85%）
平均利润(%)	33.25%
最大连续交易成功次数	23
交易失败的次数	776（41.15%）
平均亏损(%)	-20.21%
最大连续交易亏损次数	17

结 论

每次只交易少量的股票。因为交易的机会很多，所以我们并不缺乏运用资金的途径。

第7章 慢海龟

在我们今天所使用的各种交易方法中，由理查德·丹尼斯（Richard Dennis）和威廉·埃克哈特（William Eckhardt）发明的海龟交易法受到了近乎疯狂的追捧，大约有上百只对冲基金正在使用这种方法进行货币、股票以及商品的管理。据说在最开始的时候，埃克哈特坚信交易只能意会不能言传的观点，而丹尼斯却并不这样认为。后来，他们两人为此打了一个赌，他们将入学的门槛降低，各自挑选了一批学生来传授交易的方法。而这些学生则成了最初的那批"海龟"（以丹尼斯和埃克哈特所教授的海龟交易法而命名），他们中的大部分人现在都在掌管着相当规模的资金。他们要求这些学生对原始的交易方法的具体内容保守秘密。然而，让我感到困惑的是，如果他们当中的任何一个人使用这种原始的交易方法的话，那么这也许就不是我们所希望使用的那个"海龟交易趋势"法的版本了。

如果一种商品或者一只股票的价格创下新高，那么我们基本上就会认为这种上涨的趋势将会继续，并且持有到它不再创新高为止。通过对一揽子关联性较低的市场进行交易，你就可以对牛市中的任意时点和金融体系中的某个因素进行充分的利用了。

跟踪趋势可以带来丰厚的回报。如果你在大牛市起步的阶段就把握住了机会，那么你的收益将会是百分之几百。同理，市场下跌造成的损失也是巨大的。丹尼斯本人在对冲基金这个行当中摸爬滚打了多年，但是他的对冲基金因为巨额的亏损导致了客户纷纷撤回资金，并最终于 2000 年关门歇业。采用跟踪趋势法获得成功的关键不在于你是否把握住了正确的进场和离场时间，而是在于你要在这场博弈当中经受得住下跌的考验。也就是说，如果一个人精心挑选了一揽子没有关联性的资产进行交易，那么他就很有可能将下跌造成的损失消除。我们接下来就列举一个简单的案例。

我个人使用的海龟交易法

在最基本的海龟交易法的基础之上，出现了很多有关这种交易方法以及对其进行趋势跟踪交易的变体。我在这里介绍的这种方法来自一位掌握数十亿美元的趋势跟踪基金经理。尽管本书中提到的大多数交易方法是短期的逆向交易法，但是我所思考的则是一种恰当的，且能够将某些趋势跟踪因素包括在内的多样化交易策略。

如果一项资产 22 周收盘价的简单移动平均线与其 55 周收盘价的移动平均线向上交叉，则买入该项资产；或者在下周一开盘的时候买入。

如果一项资产 22 周收盘价的简单移动平均线与其 55 周收盘价的移动平均线向下交叉，则卖出该项资产；或者在下周一开盘的时候卖出。

请留意一下交易方法的简单性。一种方法越复杂，则该种方法受到严重的曲线拟合的困扰就越大。从本质上来讲，我个人是不喜欢在众多的方法当中选择复杂的方法来确认趋势的。如果一项资产的上涨导致其慢速和快速移动平均线也出现上涨的话，我就会认为这是一种趋势。

为什么不是空头呢？正如我们在第 5 章所说的那样，做空并不是做多的反义词。由于市场在过去的 100 年里总是对上涨有着某种自然的偏爱，因此你抓住上涨的概率也能够达到 100%。当你一直使用一种长期趋势跟踪方法的时候，你的交易成功率可能会超过 100%。而且，如果你正确地选择了自己手中的这一揽子资产，你就可以在某些资产下跌的同时做多剩下的资产。

案例：标准普尔 500 指数，1958 年 6 月—1961 年 6 月

图 7-1 中最下面的那条线代表 55 周的移动平均线，在它上面的那条线代表 22 周指数的移动平均线。1958 年 6 月 23 日，两条线出现交叉，我们在第二周开盘的时候买入，并持有到 1960 年 5 月 2 日当 55 周移动平均线与 22 周移动平均线向下交叉的时候卖出，可以获利 19.6%。标准普尔 500 指数随后波动起伏长达一年之久，直到我们再次于 1961 年 1 月 3 日买入的时候为止，而这一点也正是贯穿整个 20 世纪 60 年代的大牛市的开端。

图 7-1　标准普尔 500 指数，1958—1961

案例：标准普尔 500 指数，1987 年 7 月—2003 年 5 月

当然，如果一种趋势跟踪方法没有捕捉到诸如贯穿整个 20 世纪 90 年代的大牛市这一趋势，那么这种方法就是徒有虚名（参见图 7-2）。在图 7-2 中，用该方法从 1991 年 2 月 19 日（海湾战争刚刚结束）开始做多，一直持有到 2000 年 12 月 11 日卖出为止，共获利 271%（参见表 7-1、7-2 和 7-3）。

图 7-2　标准普尔 500 指数，1987—2003

表 7-1　运用海龟交易法交易标准普尔 500 指数的结果，1950—2003

	全部交易
全部交易	16
平均利润/亏损	$ 29,217.51
平均利润/亏损(%)	29.26%
平均持有天数	123.63
交易成功的次数	12（75.00%）
平均利润(%)	41.14%
平均持有天数	158.5
最大连续交易成功次数	10
交易失败的次数	4（25.00%）
平均亏损(%)	− 6.39%
平均持有天数	19
最大连续交易亏损次数	2

表 7-2　运用慢海龟交易法对标准普尔 500 指数进行交易

头寸	代码	股份	进场日期	进场价格	离场日期	离场价格	利润(%)
多头	标准普尔500指数	3,929	8/4/1952	25.43	6/15/1953	23.62	-7.12
多头	标准普尔500指数	3,868	1/25/1954	25.93	2/18/1957	43.46	67.61
多头	标准普尔500指数	2,118	5/27/1957	46.78	9/30/1957	42.42	-9.32
多头	标准普尔500指数	2,227	6/30/1958	45.24	5/2/1960	54.13	19.65
多头	标准普尔500指数	1,740	6/20/1960	57.16	8/8/1960	55.52	-2.87
多头	标准普尔500指数	1,764	8/15/1960	56.61	9/26/1960	53.06	-6.27
多头	标准普尔500指数	1,720	1/3/1961	57.57	6/4/1962	59.12	2.69
多头	标准普尔500指数	1,508	2/4/1963	66.31	6/20/1966	86.51	30.46
多头	标准普尔500指数	1,124	3/13/1967	88.89	7/22/1969	94.95	6.82
多头	标准普尔500指数	1,085	1/4/1971	92.15	6/11/1973	107.03	16.15
多头	标准普尔500指数	1,104	5/12/1975	90.53	5/31/1977	96.27	6.34
多头	标准普尔500指数	1,024	7/17/1978	97.58	9/28/1981	112.77	15.57
多头	标准普尔500指数	748	10/18/1982	133.59	6/18/1984	149.03	11.56
多头	标准普尔500指数	596	8/27/1984	167.51	12/7/1987	223.98	33.71
多头	标准普尔500指数	359	10/10/1988	278.06	9/24/1990	311.3	11.95
多头	标准普尔500指数	270	2/19/1991	369.06	12/11/2000	1,369.89	271.18

　　此外，你还可以将这种方法用来操作股票。我们以 100 万美元作为初始资金，每笔交易的资金占全部资金的 2%，对纳斯达克 100 指数进行交易，交易结果请参见图 7-3。

　　这种方法在市场中的运用非常普遍，其在 2000 年牛市顶峰时的资金峰值请参见图 7-3，图 7-4 则显示了该方法的年收益率。

　　运用海龟交易法操作股票，可以让你在牛市中利润最大化，而在熊市中保持较低幅度的回撤——尽管回撤不可避免。请注意，尽管 2001 年对于海外市场来说是灾难性的一年，但是运用该方法仍然可以获得 8% 的利润，请参见表 7-4。

表 7-3　运用慢海龟交易法对纳斯达克 100 指数进行交易模拟
的结果，1997—2003

	全部交易
初始资金	$ 1,000,000.00
期末资金	$ 5,423,025.50
净利润	$ 4,423,025.50
净利润(%)	442.30%
风险(%)	91.32%
风险调整后的收益率	484.34%
全部交易	213
平均利润/亏损	$ 20,765.38
平均利润/亏损(%)	85.84%
平均持有天数	59.24
交易成功的次数	107（50.23%）
总利润	$ 6,383,812.50
平均利润	$ 59,661.80
平均利润(%)	193.19%
平均持有天数	80.11
最大连续交易成功次数	14
交易失败的次数	106（49.77%）
总亏损	（$ 1,960,787.38）
平均亏损	（$ 18,497.99）
平均亏损(%)	－ 22.52%
平均持有天数	38.18
最大连续交易亏损次数	13
最大跌幅	－ 58.44%
最大跌幅(美元)	（$ 6,169,147.50）
单日最大跌幅日期	9/17/2001
回收系数	0.72
获利因子	3.26

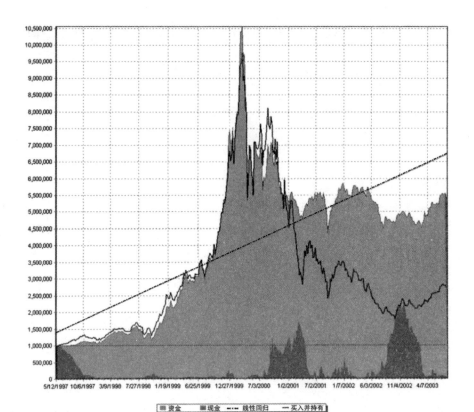

图 7-3 投资组合的资金曲线

图 7-5 是对最大反转背离（在平仓之前交易额变为负值）进行的分析，浅灰色代表在对可赢利的交易进行逐步平仓的过程中出现下跌的交易。有一笔交易在重新赢利之前下跌了 40%，有 17 笔交易在重新赢利之前的下跌幅度在 20%～40% 之间。我们看到，从高到低的最大跌幅略高于 58%。然而，在 1998—2003 年间，运用这种方法获得的绩效要明显强于大盘，特别是在这种极端牛市的条件下，它可以让我们获得不菲的收益。所以，你不仅要让一种趋势交易方法成为你最有力的交易工具，而且同时还要辅以本书中介绍的其他各种逆趋势方法。

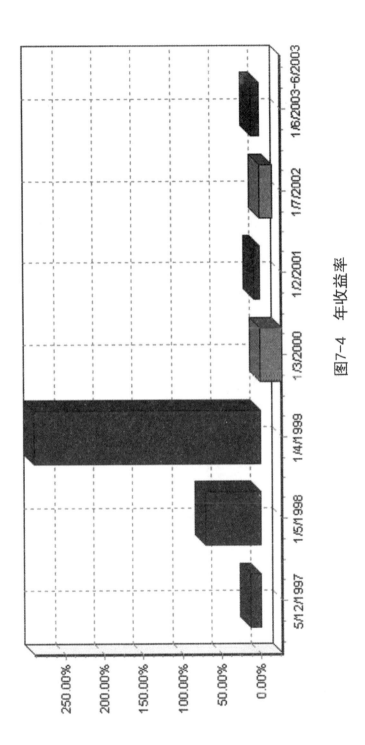

图7-4　年收益率

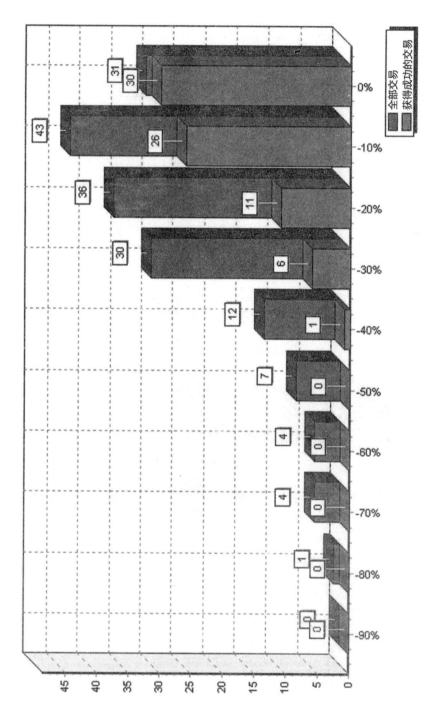

图7-5　最大反转背离

表 7-4　运用慢海龟交易法对纳斯达克 100 指数进行交易
获得的年收益率

	收益（美元）	最大		风险
		收益（%）	跌幅(%)	
1997	128,279.75	12.83	−7.18	58.92
1998	790,990.50	70.11	−27.27	97.45
1999	5,539,361.00	288.62	−15.72	98.68
2000	−2,028,572.00	−27.2	−49.43	94.97
2001	433,967.50	7.99	−21.69	90.35
2002	−953,636.00	−16.26	−21.92	86.32
2003*	512,632.00	10.44	−8.98	90.43

*仅截至2003年6月。

一揽子不相关的股票

我们现在对一揽子完全不相关的股票进行类似的分析。其中包括两只科技股——微软公司（MSFT）和英特尔（INTC）、两只公用事业类股票——爱迪生联合电气公司（ED）和美国南方公司（SO）、两只大宗商品类股票——纽曼矿业（NEM，黄金类）和泛美白银（PASS，白银类）以及两只工业类股票——美国铝业公司（AA）和明尼苏达矿业制造公司（MMM）。每笔交易我们使用 30% 的资金，获得的年收益率请参见图 7-6 和表 7-5。尽管在一揽子股票组合中只有 8 项不相关的资产，但它仍然能够显著地导致利润的消除，特别是在市场处于熊市的这段时间里更是如此。

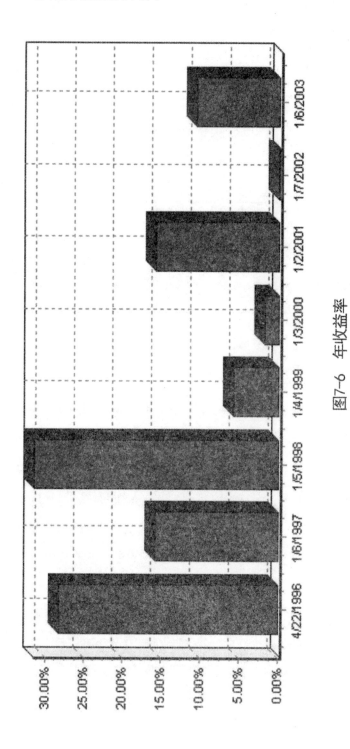

图7-6　年收益率

表 7-5　运用慢海龟交易法对一揽子关联性较低的股票进行交易
获得的年收益率

初始时间	收益（美元）	收益率（%）	最大跌幅（%）	风险
4/22/1996	282,569.38	28.26	-2.19	29.3
1/6/1997	201,998.25	15.75	-11.91	76.96
1/5/1998	468,115.38	31.53	-6.8	55.74
1/4/1999	112,452.25	5.76	-13.91	66.15
1/3/2000	36,308.50	1.76	-33.53	67.09
1/2/2001	329,090.25	15.66	-6.33	69.04
1/7/2002	-12,389.75	-0.51	-18.54	68.78
1/6/2003*	256,371.75	10.6	-4.41	82.01

*截至2003年6月。

其他变体

下面列举了几种不同类型的海龟交易法：

- 使用不同类型的移动平均线。简单移动平均线（SMA）
  在对趋势的确认上略显滞后。指数移动平均线或者加权
  移动平均线和经过加权的当前数据要高于旧数据，因此
  它发出趋势的信号要早于简单移动平均线（SMA）。即便
  如此，上面的这些方法也都有可能让你被反复套牢。如
  果你是一名股市分析方面的高手，你可以运用由约翰·
  艾勒斯（John Ehlers）发明的梅萨自适应移动平均线，并
  参考其出版的著作 *Rocket Science for Traders*（Wiley，
  2001）。

- 豪赌金字塔式交易法。最原始的海龟交易法主要针对的

是资金管理，特别是当趋势朝着原来的方向继续运动的时候，再将赌注逐渐增加。因为趋势跟踪法只是我采用的众多方法中的一种，因此我认为没有必要运用金字塔交易法。此外，现在市场的波动性越来越大，如果你使用金字塔交易法的话，会面临非常大的下跌风险。也就是说，当你出现巨额亏损的时候就是你彻底离场的时候。

- 在突破近期高点的时候买入股票。与其使用移动平均交叉法，你还不如在市场突破近期高点的时候进行买入操作呢。例如，当一只股票突破其 20 日高点以及多条移动平均线（ATR）的时候买入股票。

此外，观察某项资产的趋势走向也是一件很有趣的事情。例如，图 7-7 显示了联邦基金利率从 1987 年 6 月到 2003 年 4 月的走势。

结 论

我在很多的网站上都看到过各种海龟交易法的变体，他们都声称自己掌握的才是最原始的海龟交易法。我们对应用于股票的慢海龟交易方法及其变体进行测试，然后亲自确认它们无效的做法应该是非常有价值的。然而，请注意，我们在本章介绍的海龟交易法在捕捉市场的顶部和底部上是非常准确的。

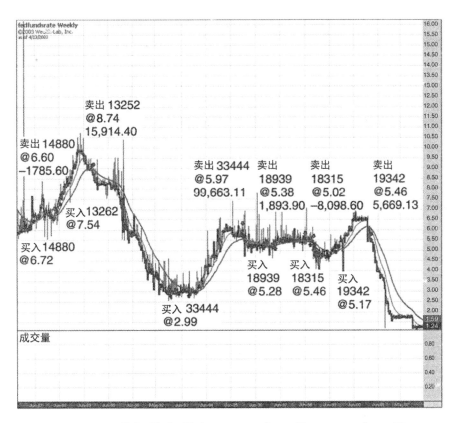

图 7-7　联邦基金利率，1987 年 6 月—2003 年 4 月

第8章 在纳指100ETF（QQQ）的暴跌中寻找机会

纳指 100ETF（QQQ）是我必须配置的一项资产。它代表了纳斯达克 100 指数，其对成分股的选择标准不是那些在过去的 20 年中具有持续赢利能力的股票，而是那些具有良好成长预期的股票。正是这种评估方法才让该指数产生了如此的波动——原因是没有人知道应该如何去评估其成分股的价值。当纳指 100ETF（QQQ）出现大幅下跌的情况时，也正是买入时机显现的时候。

本章介绍的纳指 100ETF（QQQ）下跌的情况是指：当 QQQ 的收盘价比其 10 日移动平均线（请参见第 5 章中提到的布林带方法）低 1.5 个标准差的时候，也就是说，我们要运用 10 日移动平均线和 1.5 的标准差来进行计算。运用 10 日移动平均线可以确认股票出现大幅的下挫走势，而 1.5 的标准差则可以确保其移动大于 QQQ 在过去 4 年中所形成的移动走势的 90%。

利用纳指 100ETF（QQQ）暴跌法则的步骤如下：

- 在暴跌之后的第二天早上买入。因为此时大局已定，恐慌已经结束。

● 在某一天的收盘价高于你进场时所持头寸价格之前卖出，或者持有 20 个交易日（1 个月）之后卖出。

案例：纳指 100ETF（QQQ），2003 年 1 月 22 日

2003 年 1 月 21 日，纳指 100ETF（QQQ）的收盘价低于其 10 日移动平均线 1.5 个标准差（参见图 8-1）。我们在 1 月 22 日开盘的时候以 24.96 美元的价格买入，然后持有到第一个上涨交易日的收盘，并在 1 月 23 日以 25.51 美元卖出，可获利 2.20%。

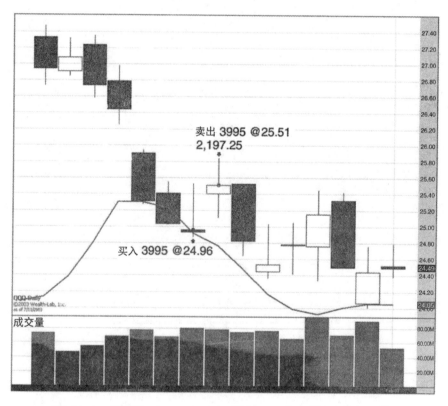

图 8-1　纳指 100ETF（QQQ），2003 年 1 月 22 日

案例：纳指 100ETF（QQQ），2001 年 9 月 18 日

2001 年 9 月 17 日，市场的表现非常糟糕，纳指 100ETF（QQQ）的收盘价已经低于其布林带的下轨。我们持有手中的头寸直到可以获得赢利的第一天（如果无法赢利的话，请持有 20 天），即 10 月 5 日，此时以 31.76 美元卖出，可获利 0.75%。

虽然这一周的压力非常大，纳指 100ETF（QQQ）也是连续回调，但是一旦出现这种信号，反弹将会是非常猛烈的。

交易结果请参见表 8-1。结果还是不错的——40 次交易全部成功。无论什么时候我看到类似的结果，都会坚信这种方法的有效性。该方法的设计者是否使用了曲线拟合（curve fit）呢？也就是说，它适用于任何情况，并且能够产生完美的成功率。这个等式包含三个变量：移动平均线的规模（10 天）、标准差的数量（1.5）以及在不能赢利的情况下持有头寸的时间长度（20 天）。

表 8-1　纳指 100ETF（QQQ）暴跌法的结果

	全部交易
全部交易	40
平均利润/亏损(%)	2.55%
平均持有天数	1.85
交易成功的次数	40（100.00%）
平均利润(%)	2.55%
平均持有天数	1.85
最大连续交易成功次数	40
交易失败的次数	0（0.00%）
平均持有天数	0
最大连续交易亏损次数	0

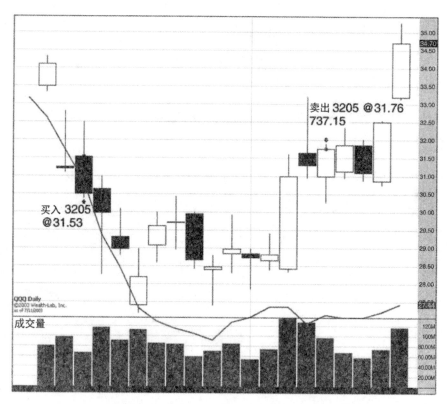

图 8-2　纳指 100ETF（QQQ），2001 年 9 月 18 日

调整移动平均线参数

当我使用 20 日移动平均线时，在全部的 41 次交易中成功了 39 次。当使用 200 日移动平均线时，全部 33 次交易中成功了 30 次。我们对移动平均线天数的设置进行改变之后，交易结果的成功率一直能够保持在 90% 以上。因此，尽管交易结果不如使用 10 日移动平均线的交易结果那样完美，但是也没有产生差异显著的结果。

调整标准差的参数

如果我们以 1 代替 1.5 的标准差，那么在全部 74 次交易中成功了 71 次。我们看到，标准差为 1 只显示了纳指 100ETF（QQQ）的移动幅度要大于其 10 日移动平均线的移动幅度约66%。超过 95% 的成功率还是不错的，我对此是非常有信心的。

调整持有期限

当我将持有的天数缩短时，交易结果也是比较类似的。当持有天数是 10 天的时候，全部 40 次交易中成功了 37 次。所以我的观点就是：在纳指 100ETF（QQQ）暴跌并出现大幅亏损时买入的成功率非常高。

对主要纳指 100ETF（QQQ）暴跌方法的模拟

我们下面来进一步观察交易的结果。假设我们在 40 次交易中每次使用的资金量是 100%，交易结果请参见表 8-1，而年收益率请参见表 8-2 和图 8-3。

表 8-2　年收益率

起始日期	收益率（%）	最大跌幅（%）	风险	进场	离场
3/10/1999	6.83	−2.99	0.18	5	5
1/3/2000	60.46	−5.69	5.48	12	12
1/2/2001	10.46	−10.17	5.54	8	8
1/2/2002	32.65	−4.32	3.52	13	13
1/2/2003	2.13	−0.11	1.18	2	2

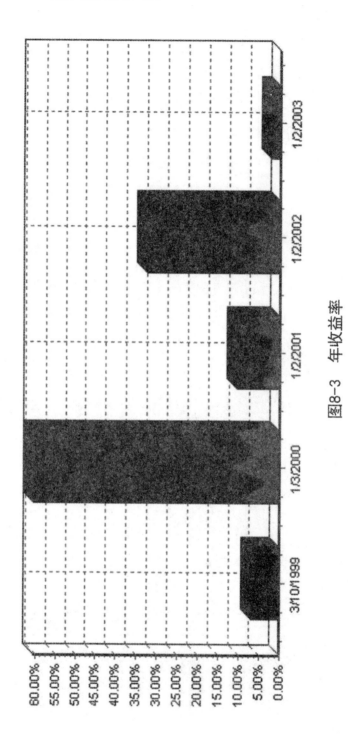

图8-3 年收益率

　　我对每笔交易的最大反向偏离非常感兴趣。也就是说，在每笔交易开始赢利之前亏损了多少钱（下跌的幅度）。交易结果请参见图 8-4。图中显示了 40 个可以赢利的交易，我在开始赢利之前的最大亏损幅度是 12%，而大部分的交易则在开始赢利之前亏损 4% 以上。然而对于风险厌恶型投资者来说，4%~5% 就意味着止损离场了。

　　我们对下跌进行的进一步分析结果请参见图 8-5，从图中我们可以看到，只有在"9·11 事件"以后的那段时间里，跌幅超过了 8%。我们现在来看一下表 8-3。

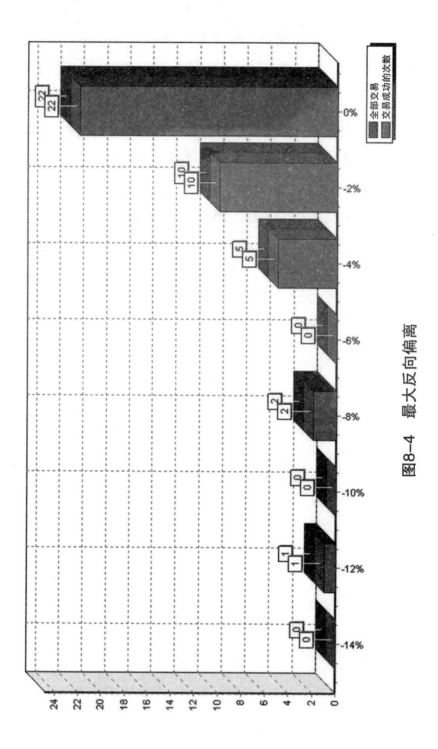

图8-4 最大反向偏离

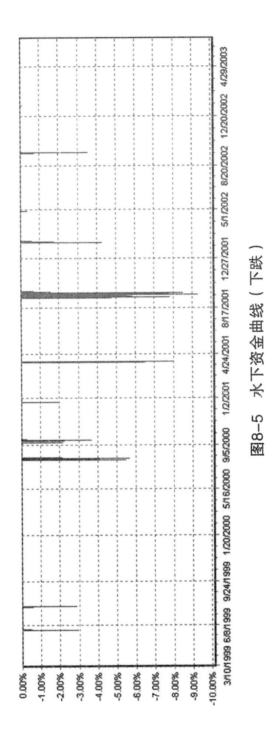

图8-5　水下资金曲线（下跌）

表 8-3　交易纳指 100ETF（QQQ）

代码	进场日期	进场价格	离场日期	离场价格	价差(%)	持有天数	平均绝对误差（%）
QQQ	4/20/1999	49.31	4/20/1999	50.65	2.72	1	−0.93
QQQ	5/25/1999	51.47	5/28/1999	52.03	1.09	3	−4.92
QQQ	7/23/1999	57.62	7/28/1999	58.12	0.87	3	−3.19
QQQ	8/5/1999	55.06	8/5/1999	55.93	1.58	1	−2.38
QQQ	9/24/1999	59.62	9/24/1999	60.08	0.77	1	−1.68
QQQ	1/7/2000	82.94	1/7/2000	90	8.51	1	−0.53
QQQ	1/31/2000	85.88	1/31/2000	89.69	4.44	1	−2.77
QQQ	4/17/2000	78.02	4/17/2000	89.62	14.87	1	−0.03
QQQ	5/11/2000	82.75	5/11/2000	84.62	2.26	1	−2.27
QQQ	5/24/2000	75	5/24/2000	79.5	6	1	−3.67
QQQ	7/28/2000	92.19	8/7/2000	92.25	0.07	6	−9.63
QQQ	9/12/2000	93.5	9/20/2000	94.62	1.2	6	−5.88
QQQ	10/4/2000	83.5	10/4/2000	85.62	2.54	1	−1.65
QQQ	11/13/2000	70.95	11/13/2000	71.86	1.28	1	−3.78
QQQ	11/24/2000	68.37	11/24/2000	70.44	3.03	1	−0.29
QQQ	11/30/2000	61.75	11/30/2000	62.98	1.99	1	−2.02
QQQ	12/20/2000	57.31	12/22/2000	60.5	5.57	2	−5.34
QQQ	2/12/2001	56.25	2/12/2001	57.08	1.48	1	−1.12
QQQ	3/13/2001	42.78	3/13/2001	44.45	3.9	1	−1.52
QQQ	4/3/2001	37.2	4/5/2001	37.31	0.3	2	−9.68
QQQ	6/15/2001	41.8	6/15/2001	42.6	1.91	1	−1.24
QQQ	7/11/2001	40.42	7/11/2001	41	1.43	1	−1.36
QQQ	8/22/2001	37.45	8/22/2001	37.69	0.64	1	−2.43
QQQ	9/18/2001	31.53	10/5/2001	31.76	0.73	13	−13.73
QQQ	12/21/2001	39.42	12/21/2001	39.48	0.15	1	−0.68
QQQ	1/17/2002	39.48	1/17/2002	39.65	0.43	1	−1.19
QQQ	1/23/2002	37.65	1/23/2002	38.43	2.07	1	−0.8
QQQ	2/6/2002	36.84	2/13/2002	36.95	0.3	5	−5.08
QQQ	2/22/2002	33.61	2/22/2002	33.65	0.12	1	−1.55
QQQ	3/21/2002	36.15	3/21/2002	37.02	2.41	1	−0.69
QQQ	3/26/2002	35.42	3/26/2002	35.89	1.33	1	−0.06
QQQ	4/29/2002	31.24	4/30/2002	31.73	1.57	1	−2.18
QQQ	5/7/2002	29.27	5/8/2002	31.77	8.54	1	−2.9
QQQ	6/4/2002	28.75	6/4/2002	29.36	2.12	1	−0.49
QQQ	7/24/2002	21.81	7/24/2002	23.62	8.3	1	−0.78
QQQ	9/20/2002	21.83	9/25/2002	21.87	0.18	3	−5.41
QQQ	12/6/2002	25.81	12/6/2002	26.47	2.56	1	−0.27
QQQ	12/10/2002	25.42	12/10/2002	25.6	0.71	1	−0.28
QQQ	1/22/2003	24.96	1/23/2003	25.51	2.2	1	−0.36
QQQ	4/1/2003	25.44	4/1/2003	25.45	0.04	1	−0.75

将纳指 100ETF（QQQ）暴跌法应用于股票

在第 5 章中我们看到了另外一种应用于股票的类似方法，这种方法同样可以通过成功的交易获得很高的收益率。然而，在本章接下来的内容里，我们将会讨论当纳指 100ETF（QQQ）触及其布林带下轨的时候会出现哪些情况。但是请注意，我们这次交易的目标不是纳指 100ETF（QQQ），而是其包括的成分股。

应用于股票的纳指 100ETF（QQQ）暴跌法 1

● 在纳指 100ETF（QQQ）低于其 10 日移动平均线 1.5 个标准差之后的第二天早上买入成分股 X。

● 在成分股 X 的收盘价高于进场价格之前卖出，或者是持有 20 个交易日之后卖出。

案例：亚马逊（AMZN），2001 年 9 月 18 日

我们在之前的章节中了解了当纳指 100ETF（QQQ）于 2001 年 9 月 17 日低于其 10 日移动平均线 1.5 个标准差之后所发生的情况。那笔交易是在持有若干天之后才出现获利机会的，并没有获得巨大的成功。然而，如果你在 9 月 18 日买入的是高风险的纳指 100ETF（QQQ）成分股，而不是纳指 100ETF（QQQ）本身，那么交易结果就会更好一些。例如，我们在 9 月 18 日早上以 7.59 美元买入亚马逊（AMZN），那么就会经历一波大幅的下跌走势，但是当你持有 17 个交易日之后，你就可以在 10 月 11 日以 7.85 美元的价格卖出，获利 3.4%（参见图 8-6）。

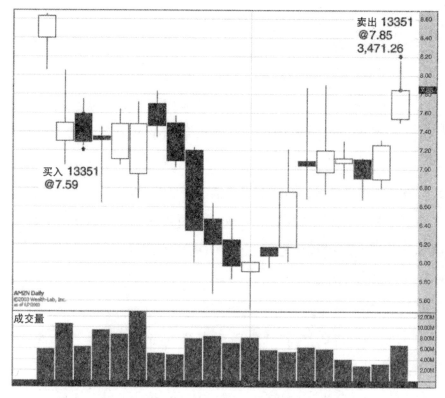

图 8-6　亚马逊（AMZN），2001 年 9 月 18 日

案例：博通公司（BRCM），2003 年 1 月 22 日

与上面提到的亚马逊（AMZN）的情况类似，我们在 2003 年 1 月 22 日以 17.05 美元的价格买入博通公司（BRCM）的股票，并且在第二天以 17.61 美元的价格卖出，可获利 3.28%（参见图 8-7）。

表 8-4 中所显示的数据并没有把下跌的因素考虑进去，因为这需要以股票的流动性为基础。但是有一点我们是可以确定的：当市场大幅下挫时，马上买入那些具有高风险的股票。

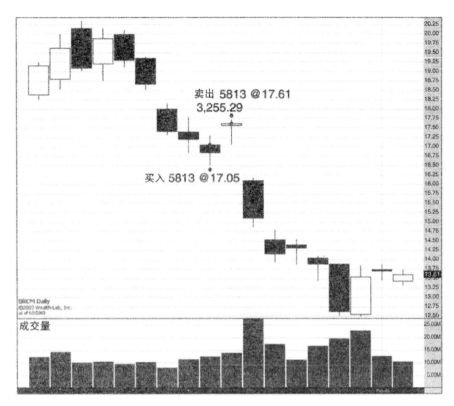

图 8-7　博通公司（BRCM），2003 年 1 月 21 日

表 8-4　应用于股票的纳指 100ETF（QQQ）暴跌法 1

	全部交易
全部交易	3,905
平均利润/亏损(%)	2.77%
平均持有天数	3.04
交易成功的次数	3716（95.16%）
平均利润(%)	3.70%
平均持有天数	2.13
最大连续交易成功次数	123
交易失败的次数	189（4.84%）
平均亏损(%)	－15.48%
平均持有天数	20.85
最大连续交易亏损次数	3

应用于股票的纳指100ETF（QQQ）暴跌法2

在对股票的应用中，我们是用标准差1代替标准差1.5。具体的方法和交易结果如下：

- 在纳指100ETF（QQQ）低于其10日移动平均线1个标准差之后的第二天早上买入成分股X。
- 在成分股X的收盘价高于进场价格之前卖出，或者是持有20个交易日之后卖出。

交易结果请参见表8-5。

表8-5 应用于股票的纳指100ETF（QQQ）暴跌法2

	全部交易
全部交易	6,984
平均利润/亏损(%)	1.70%
平均持有天数	3.56
交易成功的次数	6459（92.48%）
平均利润(%)	3.25%
平均持有天数	2.14
最大连续交易成功次数	169
交易失败的次数	525（7.52%）
平均亏损(%)	−17.47%
平均持有天数	20
最大连续交易亏损次数	4

第9章 相对联邦储备模型
(以及其他与收益率有关的趣事)

精明的投资者会密切关注债券市场的一举一动，我们将在本章通过三个案例对此进行解释。首先，有关债券和股票哪个更具投资价值的观点使得联邦储备模型出现了变化，而我自己具有专有权的"相对联邦储备模型"则正好属于这一范畴。其次，收益率的大幅提高可以让我们在各个对冲基金之间进行大规模的配置交易，而交易的对象很有可能就是股票。最后，债券投资者非常清楚在鸡尾酒会上应该谈论些什么，而股权投资人则不会从中找到任何线索。对此你要特别注意！

联邦储备模型通常用于描述估价技术，通过观察美国中期国库券和标准普尔 500 指数的收益率来判断哪个证券的收益率更低。如果收益率过低的话，说明市场被高估了（例如，你可以靠投资中期国库券赚到更多的钱，而不是通过现金交易买入全部的标准普尔 500 指数或者只依靠业绩挣钱）。如果收益率过高的话，则说明股票被低估了。联邦储备模型有很多种变体。例如，你会使用追踪收益（最近一期的公司每股收益）或者远期收益预测这两种方法吗？远期收益法实际上更为重要一些。我们中间又有谁能够预测未来呢？更不用说让分析师来对此进行预测了。

你也许会感到困惑，为什么这个模型会如此重要呢？股票与债券不同，债券的收益率在你买入债券之后就会保持一种比较稳定的状态（大多数情况下是这样的）。相反，纵观美国历史，债券的收益率总体上都是增长的。

联邦储备模型只有在开发一种新的交易工具时才会对我们起作用。但实际上，该模型是不能这样使用的。如果你跟踪标准普尔500指数的12个月收益率，并且和10年期国债收益率进行比较，我们可以看到，标准普尔500指数的12个月的追踪收益率低于10年期的国债收益率的次数几乎很难被检测到。

显然，这两种收益率之间肯定存在着某种联系。我们与其观察这两种证券的收益率哪个更低，还不如去观察两者之间的利差。两者间的利差体现的是一种对未来经济走势的情绪，它对市场时机的判断有着很大的影响。

我将标准普尔500指数的收益率（跟踪12个月的核心赢利）和10年期国债的收益率的时间追溯到1982年。然后我用它们的收益率除以债券的收益率，并且在得出的这一比率低于其10日移动平均线1.5个标准差的时候买入股票。我们假设收益率之间有相关性，当债券的收益率较这两种证券的收益率大幅下跌的时候（或者这两种证券的收益率的涨幅高于债券的收益率），我会进行买入操作，至于这两个收益率哪个更高则不再那么重要了。当这一比率重新回到其10日移动平均线的时候卖出。

在全部的14次交易中我们有10次取得了赢利（成功率是71%），每笔交易的平均收益率是11%，而到目前为止还尚未完成的交易则下跌了2.1%。为了让这次测试更加全面，我把测试的时间回溯到更早的 1980 年。总体来说，与联邦储备模型所提供的内容相反的是，相对偏差要比收益率之间的静态差异更能引起我的兴趣（参见表 9-1 和表 9-2）。

表 9-1　已经执行的交易（基于联邦储备模型的极端变动）

进场日期	价格	离场日期	离场价格	价差（%）
2/1/1984	163.41	6/1/1984	150.55	-7.87
7/2/1984	153.16	3/1/1985	181.18	18.29
3/3/1986	226.92	6/2/1986	246.04	8.43
8/1/1986	236.12	10/1/1986	231.32	-2.03
12/1/1987	230.32	3/1/1989	288.86	25.42
7/3/1989	317.98	9/1/1989	351.45	10.53
10/1/1990	306.1	3/1/1991	367.07	19.92

表 9-2　已经执行的交易（基于联邦储备模型的极端变动）

进场日期	价格	离场日期	离场价格	价差（%）
9/1/1992	414.03	3/1/1994	467.19	12.84
12/1/1994	453.55	2/1/1996	636.02	40.23
11/1/1996	705.27	1/2/1997	740.74	5.03
9/1/1998	957.28	1/4/1999	1,229.23	28.41
3/1/2000	1,366.42	5/1/2000	1,452.43	6.29
8/1/2000	1,430.83	6/1/2001	1,255.82	-12.23
8/1/2002	911.62	未完成的交易	未完成的交易	-2.1

债券的配置交易

当人们陷入对世界和全球经济的恐慌之中的时候，股票和债券的收益率会同时下跌。股票下跌的理由很明显：如果经济衰退，股票的收益率也会下降，其绩效将跑输大盘。债券下跌的原因有两个：

- 美联储为了刺激经济而下调利率。
- 资金大举撤离股票市场，转而投向更加安全的债券市场。

然而，这种恐慌并不能持续太久，原因有以下两点（至少）：

- 当收益率下跌的时候，美国公司贴现之后的现金流将会得到更少的贴现。也就是说，公司的内在价值得到了提升，这就使得这些公司更加符合看重基本面的投资者的口味。
- 当股票的价格上升，债券的价格下跌（由于收益率上升）的时候，拥有几十亿美元的养老基金就会打乱其配置的格局，转而各自为战。换句话说，这些养老基金会超额配置债券而减少股票的配置。它们已经确定了风险的水平，并且披露了对每一个行业的配置情况，当出现超额配置的情况时，这些养老基金会选择重新配置。因此，现金流会从债券中流出，转而流入股票。

债券配置交易法

- 当10年期中期国库券的收益率低于其一个月之前25个基点的时候买入，或者当道琼斯平均价格指数在上个星期下跌2%的时候买入。
- 持有1个月之后卖出。

交易结果请参见表9-3。从表中我们可以看到，交易的成功率是75%，每笔交易的平均收益率是3%，这一结果要比1990年以来道琼斯平均价格指数0.7%的平均月度收益率好很多。

表9-3　债券配置法（道琼斯平均价格指数，1990—2002年）

	全部交易
全部交易	95
平均利润/亏损(%)	3.09%
平均持有天数	20
交易成功的次数	71（74.74%）
平均利润(%)	6.28%
平均持有天数	20
最大连续交易成功次数	27
交易失败的次数	24（25.26%）
平均亏损(%)	－6.36%
平均持有天数	20
最大连续交易亏损次数	7

为了提高成功率，你可以等到10年期中期国库券的收益率在一个月内下跌50个基点的时候再出手。我们进行的11次交易全部获得了成功，每笔交易的平均收益率是7.12%。这种经过变化的方法的交易结果请参见表9-4。

债券配置法也会在股票市场和债券市场都出现恐慌的时候应用。我们可以通过关注股票市场和债券市场之间的变化对债券的配置进行抢先交易。

表9-4　结果

头寸	代码	进场日期	进场价格	离场日期	离场价格	价差(%)
多头	道琼斯工业平均指数	8/20/1991	2,913.70	9/18/1991	3,017.90	3.58
多头	道琼斯工业平均指数	9/22/1998	7,897.20	10/20/1998	8,505.90	7.71
多头	道琼斯工业平均指数	10/1/1998	7,632.50	10/29/1998	8,495.00	11.3
多头	道琼斯工业平均指数	10/2/1998	7,784.70	10/30/1998	8,592.10	10.37
多头	道琼斯工业平均指数	10/5/1998	7,726.20	11/2/1998	8,706.20	12.68
多头	道琼斯工业平均指数	12/20/2000	10,318.90	1/22/2001	10,578.20	2.51
多头	道琼斯工业平均指数	8/2/2002	8,313.10	8/30/2002	8,663.50	4.22
多头	道琼斯工业平均指数	8/5/2002	8,043.60	9/3/2002	8,308.05	3.29
多头	道琼斯工业平均指数	9/20/2002	7,986.02	10/18/2002	8,322.40	4.21
多头	道琼斯工业平均指数	9/23/2002	7,872.15	10/21/2002	8,538.24	8.46
多头	道琼斯工业平均指数	9/24/2002	7,683.13	10/22/2002	8,450.16	9.98

不要扔掉垃圾债券

　　也许比关注10年期中期国库券收益率更有效的预测方法就是紧盯垃圾债券。当银行和基金迫切希望向垃圾评级的公司发放贷款的时候，这就等于为我们释放了美国公司业绩向好的信号。垃圾债券的投资者大多数时间都在观察他们放贷的企业——公司的资产负债表、季度报告等等，而那些每日短线交易者和共同基金的管理者则比较关心他们买入的公司的证券的情况。

　　当银行开始迫不及待地发放贷款时，债券的收益率下降，而债券的价格则会上升。问题是：如果垃圾债券上涨而股票市场下跌时会出现什么情况？这里面有没有潜在的交易（尽管时间会更长）机会呢？

垃圾债券法则

- 在过去的 3 个月中，当标准普尔指数的业绩低于美林高收益指数 5% 的时候，在当月月末的时候买入。
- 持有 1 个月以后卖出。

交易结果请参见表 9-5，每月的平均收益率是 2.03%，要比 1990 年以来标准普尔 500 指数的每月平均收益率 0.68% 好得多。

表 9-5　结果，标准普尔 500 指数 1990 年 1 月 1 日以来的表现

	全部交易
全部交易	28
平均利润/亏损(%)	2.03%
平均持有天数	1
交易成功的次数	21（75.00%）
平均利润(%)	4.21%
平均持有天数	1
最大连续交易成功次数	3
交易失败的次数	7（25.00%）
平均亏损(%)	－ 4.50%
平均持有天数	1
最大连续交易亏损次数	2

我们接下来看一下表 9-6 中的内容。

表9-6 使用垃圾债券法则交易标准普尔500指数

头寸	股票代码	进场日期	进场价格	离场日期	离场价格	价差 (%)	平均绝对误差 (%)	MFE %
多头	^SPX	10/1/1990	306.1	11/1/1990	304	-0.69	-3.79	4.44
多头	^SPX	11/1/1990	303.99	12/1/1990	322.22	6	-0.78	6.26
多头	^SPX	6/3/1991	389.81	7/1/1991	371.16	-4.78	-5.6	0
多头	^SPX	8/1/1991	387.81	9/1/1991	395.43	1.96	-3.54	2.32
多头	^SPX	10/1/1991	387.86	11/1/1991	392.45	1.18	-3.03	1.53
多头	^SPX	12/2/1991	375.11	1/2/1992	417.09	11.19	-1	11.52
多头	^SPX	1/2/1992	417.03	2/1/1992	408.78	-1.98	-2.01	1
多头	^SPX	5/1/1992	414.95	6/1/1992	415.35	0.1	-1.23	0.92
多头	^SPX	12/1/1997	955.4	1/1/1998	970.43	1.57	-3.19	3.23
多头	^SPX	10/1/1998	1,017.01	11/1/1998	1,098.67	8.03	-9.21	8.53
多头	^SPX	11/2/1998	1,098.67	12/2/1998	1,163.63	5.91	0	8.58
多头	^SPX	11/1/1999	1,362.93	12/1/1999	1,388.91	1.91	-1.21	4.58
多头	^SPX	1/2/2001	1,320.28	2/2/2001	1,366.01	3.46	-3.46	4.78
多头	^SPX	3/1/2001	1,239.94	4/1/2001	1,160.33	-6.42	-12.8	2.22
多头	^SPX	4/2/2001	1,160.33	5/2/2001	1,249.46	7.68	-5.89	9.39
多头	^SPX	5/1/2001	1,249.46	6/1/2001	1,255.82	0.51	-1.4	5.32
多头	^SPX	6/1/2001	1,255.82	7/1/2001	1,224.38	-2.5	-4.2	2.45
多头	^SPX	10/1/2001	1,040.94	11/1/2001	1,059.78	1.81	-1.36	6.69
多头	^SPX	11/1/2001	1,059.78	12/1/2001	1,139.45	7.52	-0.52	9.78
多头	^SPX	12/3/2001	1,139.45	1/3/2002	1,148.08	0.76	-2.19	3
多头	^SPX	6/3/2002	1,067.14	7/1/2002	989.82	-7.25	-10.7	0.34
多头	^SPX	7/1/2002	989.82	8/1/2002	911.62	-7.9	-21.63	0.47
多头	^SPX	8/1/2002	911.62	9/1/2002	916.07	0.49	-8.58	5.86
多头	^SPX	10/1/2002	815.28	11/1/2002	885.76	8.64	-5.72	11.3
多头	^SPX	11/1/2002	885.76	12/1/2002	936.31	5.71	-1.55	6.33
多头	^SPX	3/3/2003	841.15	4/1/2003	848.18	0.84	-6.21	6.51
多头	^SPX	4/1/2003	848.18	5/1/2003	916.92	8.1	-0.04	8.97
多头	^SPX	5/1/2003	916.92	6/1/2003	963.59	5.09	-1.54	5.29

结　论

大多数股票投资者从来都不关注债券的走势，我认为这种做法是错误的。一方面，如果你不介意债券的杠杆作用的话，它将会是一种非常优秀的交易工具；另一方面，债券主要是由国家养老基金这样的投资者配置。如果债券朝着任意一个方向运动的话，那么资产配置交易就会出现，这回你可要注意了。最后，相对于普通的投资者而言，债券投资者从总体上来讲更关注公司的自身情况、经济问题和全球宏观策略。在他们的带领下，我们通常可以找到一条能够赚钱的途径，而我们自己只会计算着那些"傻钱"（dumb money）。

第 10 章　如何操作被指数剔除的成分股

新信息在一个有效的市场中可以被迅速吸收。当一家公司宣布赢利预警时，其股票的价格通常会急剧下跌。而这种下跌的速度会让我们无法利用新信息进行做空交易。当一家公司发布公告其将会被收购时，套利基金会马上买进该公司的股票，并且在几秒钟之内将股价推高到收购的价格。有时还会出现这样一种情况，当很多的股票被不停地加入/剔除出各种追踪广泛的市场指数的时候，市场会处于一种无效的状态。

自从 1976 年约翰·博格尔（John Bogle）向先锋集团（Van-guard Group）提议成立第一只追踪标准普尔 500 指数的指数基金以来，指数基金越来越受到人们的追捧。博格尔当时对指数基金的要求并不是很高，他只是希望指数基金的表现能够和标准普尔 500 指数一样就可以了。他没有挑选那些跑赢大盘的股票，也没有尝试去搞那些增长战略或者价值战略，他的指数基金只是与标准普尔 500 指数保持同步而已。由于日后那些追踪包括标准普尔指数、罗素指数、纳斯达克 100 指数以及威塞尔 5000 指数的指数基金如雨后春笋般涌现，这些基金的绩效要强于将近 80% 的主动式管理共同基金。指数基金历史上出现的最长的一次业绩增长期是在 20 世纪 90 年代，当时标准普尔 500 指数的年收益率以 17.4%的速度高速增长。在 20 世纪 90 年代，诸如纳指 100ETF（QQQ）和标普 500ETF（SPY）等产品也相继孕育而生，这就给了投资者分别投资于那些追踪标准普尔 500 指数和纳斯达克 100 指数的基金的机会（当然，这里指的是当日平仓交易）。指数基金的资金规模通常都在几千亿美元左右，因此，指数出现任何细微的波动，都会对其资金流量产生巨大的影响。

大多数交易者所采取的策略是在标准普尔宣布将要加入新的成分股之后买入这家公司的股票。而指数基金是不会在消息宣布之后买入股票的（因为在生效日期之前该公司的股票还没有被计入指数，其真正被计入指数往往需要等几个星期之后）。为了确保自己能够买到这家公司的股票，个人投资者和主动式管理基金会在消息被宣布之前买入该公司的股票。《投资者意识和市场细分：从标准普尔 500 指数变化中得到的实证》一文的作者，巴尔的摩大学的陈红辉（Honghui Chen）、西亚利桑那州立大学的格雷戈里·诺罗尼亚（Gregory Noronha）以及弗吉尼亚理工大学的维杰·辛格尔（Vijay Singal）共同分析了在生效日期之前指数变化所产生的影响。他们得出的结论是：一般来说，在公告日期和生效日期之间的这段时间内，股票价格通常会上升 5%。而对于那些被剔除出指数的股票，其跌幅也不会很大，原因是新计入指数的股票的买家中有一部分是已经知道该股被计入指数的投资者。投资者不会突然注意到被剔除的股票，所以尽管他们意识到市场上有人在卖出股票，但是这种行为在生效日之前所产生的影响并不明显。

在计入指数那天之前股价大涨的典型例子当属捷迪讯（JD-SU），捷迪讯公司于 2000 年 7 月 26 日开始计入标准普尔 500 指数。由于公司做出了永恒的承诺并拥有很大的增长潜力，因此很多的投资者都认为该公司会成为下一个微软。当时每个人都相信电信行业会蓬勃发展，电信公司会购买大量的光纤设备并连接到每一个家庭。对光纤的大量需求会因此而持续若干年。因此，在该公司被计入指数之前的几个月中，雅虎公告牌上经常会出现下面这些有关捷迪讯公司的消息：

　　我赚钱的方法就是买入并持有高通公司（QCOM）和捷迪讯（JDSU）的股票（或者其他股票），如果它们的股价下跌，我就会进行期权操作。当捷迪讯的股价从一周之前的 273 美元下跌到 210 美元的时候，我会买入大量的 MAR250 和 MAR280 看涨期权。我在前儿天卖出了这些看涨期权并获利 250%，随后，我又买入了大量捷迪讯（JDSU）的股票等待赢利……今天我又买入了大量的股票。正如我之前所说的那样，我并不介意捷迪讯（JDSU）公司的股价会随着市场的下跌而下跌，但是从长期来看，该股肯定会跑赢整个市场。随着该公司股票在三月份进行了拆分，我保证股价会重回 200 美元以上。我就是这么赚钱的。

图 10-1 显示了捷迪讯（JDSU）公司在 2000 年 7 月到 8 月之间的走势。这是股票大幅上涨的经典案例，在该案例中，投机者和指数基金在捷迪讯（JDSU）开始计入指数之前的三个星期买

进公司股票时的成交量比平时多了40%，该公司的股价在其计入指数的生效日那天达到了创纪录的140.50美元。标准普尔500指数基金在捷迪讯（JDSU）股价不断下跌的时候表现得非常好，而捷迪讯（JDSU）的股价却再也没有回到140美元这个价位。在不到1年的时间里，该股的股价在我写这篇文章的时候已经下跌到了个位数，即3.58美元。

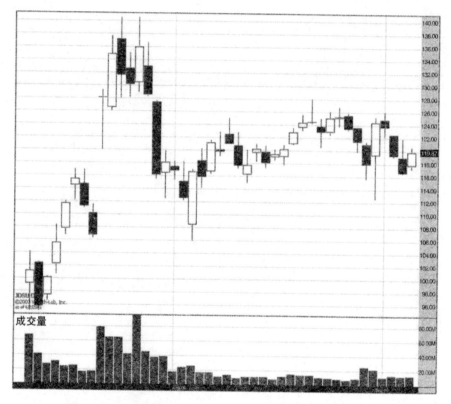

图 10-1　捷迪讯（JDSU），2000年7月—8月

这种交易策略是否仍然可行呢？说实话，我也不知道。我并没有对这种策略进行深入的研究与思考。很多人在研究这种策

略，虽然它现在能够发挥作用，但是并不代表其在未来也能够发挥相同的作用。各大网站纷纷开始预测哪只股票最有可能被计入指数，而投资者也开始在消息被公布之前大举买入股票。与此同时，指数基金也一直在调整其策略，从而减少因为大量买入股票而产生的影响。我个人对此并不十分感兴趣。

然而，对于哪只股票会成为被剔除的对象，以及由此会产生哪些后果，我倒是认为这是一个可行的策略。一只股票被从指数当中剔除的原因有很多种：公司的股价非常低、赢利下降、流动性枯竭，公司面临破产或者被兼并，公司的股票可能被计入其他的指数（例如，从小盘股调整到中盘股）。很多人在生效日之前都会采取做空股票的策略。此外，除了指数基金抛售股票以外，很多主动式管理共同基金也会抛售股票。尽管名义上是积极的管理，但是它们也需要获得许可只投资那些被各种指数选中的成分股。

换句话说，市场中出现的很多抛售行为都是非理性的，它与公司的基本面没有任何关系。然而，机会往往就隐藏在这些现象当中。

案例：轨道科学（ORB），2001 年 10 月—11 月

图 10-2 显示的是轨道科学（ORB）2001 年 10 月—11 月的走势图。2001 年 11 月 2 日，轨道科学被确定从标准普尔 600 指数中剔除。从 10 月份开始，该股的股价一路下行，其中 10 月中旬的低点比月初下跌了将近20%。11 月 2 日，该公司被剔除出标准普尔 600 指数，而其股价随后大幅上涨，从 2.1 美元上涨到了 3.21 美元，13 个交易日之后——其上涨幅度超过了 50%。该公司在这期间也没有出现过利空消息。雅虎公告牌上的投资者对此

感到非常困惑，没有人能够说得清楚这只股票为什么会上涨50%。就在其被剔除出标准普尔600指数的生效之日以后，该股的股价已上涨到5.40美元。

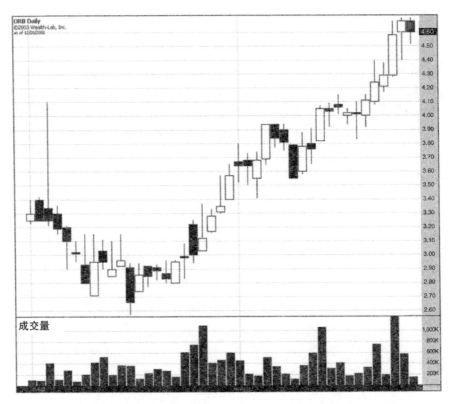

图10-2　轨道科学（ORB），2001年10月—11月

案例：FTUS，2002年9月中旬—11月中旬

图10-3显示了FTUS公司从2002年9月中旬到11月中旬的走势图。2002年10月11日，标准普尔600指数宣布将FTUS公司剔除出该指数。在该公司被剔除出标准普尔600指数的生效之日以前，其股票几乎每天都在下跌，股价从2.80美元一路下跌

到其被剔除出标准普尔 600 指数当天的 1.26 美元。而 13 个交易日之后，其股价已上涨到 1.55 美元，涨幅超过 20%。11 月 8 日，根据任何网站的推荐随机买入股票都会让轧空头的人痛苦至极，FTUS 公司的股票以 2.40 美元开盘，最终报收 4.45 美元。这次也是一样，什么消息也没有。正是由于无法对被剔除出标准普尔600 指数的股票进行抛售，才最终导致了轧空头的出现。

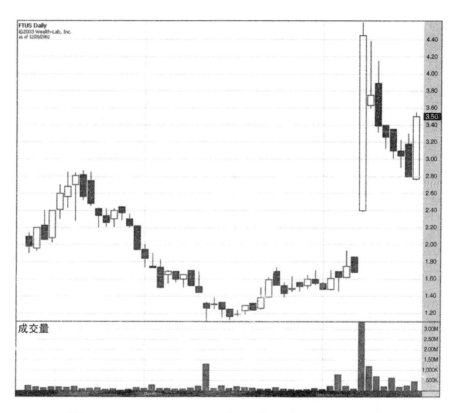

图 10-3　FTUS，2002 年 9 月中旬—11 月中旬

案例：WHX，2000 年 9 月 15 日—11 月 21 日

图 10-4 显示的时间区间是从 2000 年 9 月 15 日到 11 月 21

日。WHX 于 9 月 26 日被剔除出标准普尔 600 指数。其股票的抛
售成交量在该公司的股票被剔除日之前急剧放大。9 月 25 日，也
就是其被指数剔除的前一天，该股以 7.50 美元开盘，随后迅速
下跌并触及 52 周的低点 3.38 美元，并最终报收于 4.12 美元。在
公司的股票被剔除出标准普尔 600 指数之后的 5 个交易日里，其
股价一举收复 7.50 美元。而在被指数剔除的 20 个交易日之后，
其股价收于 6 美元。3 年之后，该公司的股价只剩下 2 美分了。

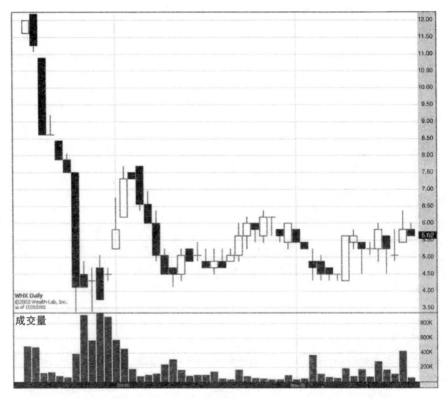

图 10-4　WHX，2000 年 9 月 15 日—11 月 21 日

数据研究

沃顿大学（Wharton University）的本科毕业生查尔斯·科恩布利思（Charles Kornblith）对被剔除的股票对标准普尔 600 指数的影响进行了卓有成效的研究，我们在获得其本人的允许之后将研究结果刊登于此。我们为什么要选择标准普尔 600 指数呢？因为在这个指数中的股票都是那些不再具备打压空间的股票，而这种类型的股票要比被剔除出该指数的垃圾股多得多。通常情况下，这些被剔除出标准普尔 600 指数的股票已经处于无家可归的境地，只能被归入场外交易市场（OTC board）。然而，这些股票在被剔除出指数之后，其反弹力度是非常可观的。

我们从表 10-1 到 10-8 中可以看到，1997 年到 2002 年每只被剔除出标准普尔 600 指数的股票在第二天的平均收益率是 7.94%，10 个交易日之内的平均收益率是 15.84%。这种策略真的可行吗？我认为是可以的。当这些股票取得非常好的绩效时，问题就出现了，正如科恩布利思在发给我的电子邮件中所记录的研究数据那样，某些股票的流动性不足以及其过低的股价往往会导致股价下跌和佣金出现问题。

表 10-1　1997—2002 年间从标准普尔 600 指数中剔除的股票的
收益率，其中包括剔除当日、10 日之后、20 日之后的收益率

	股票代码	生效日期	被剔除当日收益率	10日后收益率	20日后收益率
Titan International	TWI	12/6/2002	1.35	1.38	1.4
Trenwick Group	TWK	11/14/2002	4.3	2.67	1.05
Aspen Technology	AZPN	10/11/2002	0.801	1.5	1.88
Factory 2-U Stores	FTUS	10/11/2002	1.26	1.43	4.46
AXT Inc.	AXTI	10/11/2002	1	1.13	1.75
Electroglas, Inc.	EGLS	10/11/2002	1.23	1.44	2.339
Franklin Covey	FC	9/30/2002	1.18	1.19	1.49
EPresence Inc.	EPRE	9/30/2002	problem with data		
Stratex Networks Inc.	STXN	9/30/2002	1.279	1.09	1.75
Therma-Wave Inc.	TWAV	9/30/2002	0.79	0.39	0.58
Cygnus Inc.	CYGN	8/15/2002	0.729	1.52	1.51
Aspect Communications	ASPT	7/24/2002	1.3	1.42	1.71
InterVoice	INTV	7/11/2002	1.01	1.63	1.74
Penton Media Publishing	PME	7/11/2002	1	0.3	0.52
Read-Rite Corp.	RDRT	6/28/2002	0.48	0.53	0.33
Seitel, Inc.	SEI	6/12/2002	1.11	1.09	0.72
Valence Technology	VLNC	6/12/2002	1.42	1.37	1.25
Advanced Tissue Sciences	ATIS	6/12/2002	1.09	1.16	1.11
Stratos Lightwave, Inc.	STLW	6/12/2002	1.519	1.6	1.03
Mississippi Chemical	GRO	5/1/2002	1.42	1.4	1.4
Visual Networks	VNWK	4/24/2002	1.4	1.45	1.73
SLI Inc.	SLI	4/18/2002	0.94	0.48	0.76
BMC Industries	BMM	3/1/2002	1.44	1.94	1.68
Organogenesis, Inc.	ORG	2/21/2002	1.39	1.43	—
Mutual Risk Management	MM	2/21/2002	1.05	0.96	0.75
Brightpoint Inc.	CELL	2/7/2002	0.66	0.87	1.33
Foster Wheeler Ltd.	FWC	1/16/2002	1.78	2.53	2.56
APW Ltd.	APW	12/31/2001	1.67	0.68	0.35
Amcast Industrial	AIZ	11/30/2001	5	5.32	5.38
Auspex Systems	ASPX	11/30/2001	1.421	1.39	1.8
Tenneco Automotive	TEN	11/15/2001	1.55	1.56	1.67
Orbital Sciences Corp.	ORB	11/2/2001	2.1	3.4	3.58
Mayor's Jewelers Inc.	MYR	10/9/2001	1.02	1.39	—
SpeedFam-IPEC Inc.	SFAM	10/9/2001	1.02	1.4799	2.9
Int'l. FiberCom, Inc.	IFCI	10/9/2001	0.9	0.95	0.79
SONICblue Inc.	SBLU	10/5/2001	0.8	1.05	—
Innovex, Inc.	INVX	10/5/2001	1.34	2	—
Hartmarx Corp.	HMX	8/6/2001	1.95	3.45	3.52
Polaroid Corp.	PRD	7/18/2001	1.2	1.3	1.5
Alliance Pharmaceutica	ALLP	7/18/2001	1.46	1.44	1.74

续表

	股票代码	生效日期	被剔除当日收益率	10日后收益率	20日后收益率
Pac-West Telecommunica	PACW	7/11/2001	1.15	0.96	0.92
Edgewater Technology	EDGW	7/6/2001	3.35	3.33	3.45
Gottschalks, Inc.	GOT	7/6/2001	3	3.45	3.28
eLoyalty Corporation	ELOY	6/14/2001	1.06	0.99	0.77
Robotic Vision Systems	ROBV	5/31/2001	1.56	1.86	1.84
Lillian Vernon	LVC	5/23/2001	7.13	8.92	8.92
Cyrk Inc.	CYRK	5/11/2001	2.45	0	0
Casual Male Corp.	CMAL	5/11/2001	1.14	0	0
Cone Mills	COE	4/27/2001	1.64	1.45	1.37
Immune Response Corp.	IMNR	4/16/2001	1.48	3.15	5.95
Exabyte Corp.	EXBT	4/2/2001	1.0625	0.99	1.06
P-Com Inc.	PCOM	4/2/2001	1.6562	1.4	1.07
New Century Equity Hld	NCEH	3/30/2001	1.125	1.31	1.28
Damark International	DMRK	3/22/2001	2.71	3.25	3.25
Adaptive Broadband Cor	ADAP	3/22/2001	0.9	0.75	0
Friede Goldman	FGH	3/8/2001	2	2.15	0.98
HA-LO Industries	HMK	3/8/2001	1.3	1.09	0.96
Washington Group Int'l	WNG	3/5/2001	1.07	1.86	1.57
Nashua Corp.	NSH	2/27/2001	3.06	4.9	4.7
Dixie Group Inc.	DXYN	1/31/2001	2.3437	2.625	3.4375
Books-A-Million	BAMM	12/29/2000	1.375	2	2.125
Spartan Motors	SPAR	12/28/2000	1.3437	1.9375	2.6562
Bombay Company	BBA	12/28/2000	1.93	2.37	2.37
Laser Vision Centers	LVCI	12/20/2000	1.1875	1.875	2.0625
Hanger Orthopedic Group	HGR	12/11/2000	1.31	0.93	1.25
Ames Department Stores	AMES	12/11/2000	1.5	1.38	—
Frozen Food Express Ind.	FFEX	12/8/2000	1.25	1.4375	1.6875
Insteel Industries Inc.	III	12/4/2000	1	1.25	3
TALK.Com, Inc.	TALK	11/28/2000	0.57	2	—
Birmingham Steel	BIR	11/16/2000	1.37	1.25	1.37
Chiquita Brands	CQB	11/7/2000	1.5	1.75	1.56
Epicor Software	EPIC	11/2/2000	1	1.1562	1.0312
CKE Restaurants	CKR	10/4/2000	2.44	2	—
Guilford Mills	GFD	10/4/2000	1.31	1.88	—
WHX Corp.	WHX	9/26/2000	4.11	4.5	6
GC Companies	GCX	9/20/2000	3.12	2.93	2.37
Pillowtex Corp.	PTX	8/10/2000	1.25	2.5625	2.375
Lason Inc.	LSON	8/8/2000	1.1875	2.8125	2.125
Oakwood Homes	OH	8/8/2000	1.5	1.62	1.68
Komag Inc.	KMAG	8/2/2000	1.1562	1.4375	2.3125
Coeur d'Alene Mines	CDE	7/27/2000	1.37	1.43	1.37
Swiss Army Brands	SABI	7/27/2000	4.25	4.375	4.1875
Sports Authority	TSA	6/30/2000	1.56	1.62	1.5
Magellan Health Services	MGL	6/23/2000	1.25	1.37	1.62
Inacom Corp.	ICO	5/2/2000	0.9375	1.0625	0

续表

	股票代码	生效日期	被剔除当日收益率	10日后收益率	20日后收益率
PictureTel Corp.	PCTL	4/19/2000	3.53	4.12	—
Aviation Sales	AVS	4/19/2000	3.75	6.31	6.25
Rural/Metro Corp.	RURL	3/31/2000	1.1875	2	2
Frontier Insurance Group	FTR	3/29/2000	0.93	1.06	0.87
Genesis Health Ventures	GHV	2/23/2000	1.25	1.6875	0.8125
Southern Energy Homes	SEHI	2/15/2000	1.2187	1.3437	1.2187
USA Detergents	USAD	1/28/2000	2.25	2.46	2.31
NCS Healthcare Inc.	NCSS	1/28/2000	1.46875	1.90625	2.34375
AMRESCO Inc.	AMMB	1/13/2000	1.06	1.31	1.31
Benton Oil & Gas	BNO	1/3/2000	1.81	1.88	—
Delta Woodside Ind.	DLW	12/30/1999	1.87	1.93	1.62
Hecla Mining	HL	12/30/1999	1.56	1.5	1.43
PhyCor Inc.	PHYC	11/23/1999	1.15625	1.1875	1.3125
Galey & Lord Inc.	GNL	11/4/1999	1.31	2.68	2.18
Integrated Health Services	IHS	10/21/1999	0.375	0.25	0.3125
Molecular Biosystems	MB	10/1/1999	1.625	1.375	1
Family Golf Centers	FGCI	8/31/1999	1.25	2.875	2.875
Applied Magnetics	APM	8/31/1999	0.9375	1	0.8125
System Software	SSAX	8/30/1999	0.9375	0	0
TCSI Corp.	TCSI	8/30/1999	1.625	1.6875	1.5
Breed Technologies	BDT	8/17/1999	0.4375	0.6875	0.625
Dialogic Corp.	DLGC	7/2/1999	43.9063	0	0
Mariner Post-Acute	MPN	6/18/1999	0.625	0.34375	0.6875
Lechters Inc.	LECH	4/30/1999	1.53	2.21	2.25
Johnston Industries	JII	4/30/1999	1.5	2.5	2.25
LSB Industries	LSB	4/30/1999	2.1875	2	2.0625
Hauser Inc.	HAUS	4/27/1999	1.5	2.5625	2.4375
KCS Energy Inc.	KCS	4/27/1999	1.12	1.37	0.68
Glamis Gold Ltd.	GLG	3/1/1999	1.56	1.68	1.5
Wiser Oil	WZR	12/31/1998	2.12	2.75	2
Shoney's Inc.	SHN	12/31/1998	1.375	1.9375	2.8125
Filene's Basement	BSMT	12/15/1998	1.5	2.09375	3.375
Northwestern	NWSW	12/10/1998	0.8125	0.8125	0.90625
Tultex Corp.	TTX	12/10/1998	0.75	0.8125	0.9375
BroadBand Technologies	BBTK	10/22/1998	1.3125	2.75	2.75
Zoll Medical	ZOLL	5/28/1998	5.8125	6.6875	7.875
Designs, Inc.	DESI	5/14/1998	1.75	1.5	1.8125
ImmuLogic Pharmaceuticals	IMUL	3/30/1998	1.5	1.53125	1.9375
SciClone Pharmaceuticals	SCLN	3/19/1998	3.1875	4.2812	4.0625
National Auto Credit	NAK	3/4/1998	1.75	1.9375	0
Geotek Communications	GOTK	2/9/1998	1.75	0	0
Tseng Labs	TSNG	1/14/1998	1.40625	1.375	1.5
NTN Communications	NTN	12/31/1997	1	1	0.93
CellPro, Inc.	CPRO	10/6/1997	problem with data		
Air & Water Technologies	AWT	9/25/1997	1.75	1.875	1.4375

续表

	股票代码	生效日期	被剔除当日收益率	10日后收益率	20日后收益率
JumboSports, Inc.	JSI	9/2/1997	3.3125	3.9375	3.5
RDM Sports Group	RDM	8/7/1997	0.69	0.5	—
Levitz Furniture	LFI	7/25/1997	1.13	1.5	—
Pharmaceutical Resources	PRX	7/25/1997	2.25	2.06	2.06
Payless Cashways	PCS	7/17/1997	problem with data		
Banyan Systems	BNYN	5/27/1997	1.9375	1.9375	1.875
Casino Magic	CMAG	5/27/1997	1.28125	1.375	1.125
Venture Stores	VEN	5/27/1997	2.5	2.625	2.5
Compression Labs	CLIX	3/31/1997	problem with data		
Omega Environmental	OMEG	3/31/1997	problem with data		
Sunshine Mining	SSC	1/22/1997	6.5	7.5	9
Merisel, Inc.	MSEL	1/13/1997	1.8125	1.9687	1.9375

资料来源：沃顿大学（Wharton University），查尔斯·科恩布利思（Charles Kornblith）。

表10-2　全部研究

	剔除后第2天	剔除后第5天	剔除后第10天
总收益率	1079.66%	2010.02%	2154.03%
样本数量	136	136	136
平均收益率	7.94%	14.78%	15.84%
标准差	20.10%	29.62%	45.31%
平均数标准误差（SEM）	0.0172	0.0254	0.0388
Z得分	4.6054	5.8185	4.0769

注：平均数标准误差（SEM）＝标准差/平方根（N）＝平均收益率/平均数标准误差（SEM）。
资料来源：沃顿大学（Wharton University），查尔斯·科恩布利思（Charles Kornblith）。

表10-3　2002年收益率分析

	剔除后第2天	剔除后第5天	剔除后第10天
总收益率	82.11%	134.81%	212.76%
样本数量	26	26	26
因数据问题被排除的样本	1	1	1
平均收益率	3.16%	5.19%	8.18%
标准差	11.36%	27.74%	38.96%
平均数标准误差（SEM）	0.0222755	0.05440983	0.0764065
Z得分	1.4177141	0.95296697	1.0710029

注：平均数标准误差（SEM）＝标准差/平方根（N）＝平均收益率/平均数标准误差（SEM）。
资料来源：沃顿大学（Wharton University），查尔斯·科恩布利思（Charles Kornblith）。

表10-4　2001年收益率分析

	剔除后第2天	剔除后第5天	剔除后第10天
总收益率	140.89%	505.61%	330.38%
样本数量	33	33	33
因数据问题被排除的样本	0	0	0
平均收益率	17.43%	30.71%	44.03%
标准差	0.0303406	0.05345777	0.0766383
平均数标准误差（SEM）	1.4072023	2.8661064	1.3063482
Z得分			

注：平均数标准误差（SEM）＝标准差/平方根（N）＝平均收益率/平均数标准误差（SEM）。

表10-5　2000年收益率分析

	剔除后第2天	剔除后第5天	剔除后第10天
总收益率	546.32%	870.75%	1064.10%
样本数量	35	35	35
因数据问题被排除的样本	0	0	0
平均收益率	15.61%	24.88%	30.40%
标准差	29.89%	36.44%	50.47%
平均数标准误差（SEM）	0.0505163	0.0615877	0.085302
Z得分	3.0899317	4.03955358	3.5641278

注：平均数标准误差（SEM）＝标准差/平方根（N）＝平均收益率/平均数标准误差（SEM）。

表10-6　1999年收益率分析

	剔除后第2天	剔除后第5天	剔除后第10天
总收益率	141.37%	247.80%	313.97%
样本数量	18	18	18
因数据问题被排除的样本	1	1	1
平均收益率	7.85%	13.77%	17.44%
标准差	19.48%	29.69%	54.86%
平均数标准误差（SEM）	0.0459145	0.06996956	0.1292996
Z得分	1.7105537	1.96752364	1.3490194

注：平均数标准误差（SEM）＝标准差/平方根（N）＝平均收益率/平均数标准误差（SEM）。

表10-7　1998年收益率分析

	剔除后第2天	剔除后第5天	剔除后第10天
总收益率	108.25%	169.06%	173.72%
样本数量	13	13	13
因数据问题被排除的样本	0	0	0
平均收益率	8.33%	13.00%	13.36%
标准差	9.40%	11.66%	46.19%
平均数标准误差（SEM）	0.0260656	0.03232575	0.1281
Z得分	3.1945545	4.02289179	1.043188

注：平均数标准误差（SEM）＝标准差/平方根（N）＝平均收益率/平均数标准误差（SEM）。

表10-8　1997年收益率分析

	剔除后第2天	剔除后第5天	剔除后第10天
总收益率	60.71%	81.99%	59.09%
样本数量	11	11	11
因数据问题被排除的样本	4	4	4
平均收益率	5.52%	7.45%	5.37%
标准差	7.52%	8.9%	15.43%
平均数标准误差（SEM）	0.0226698	0.02469881	0.0465221
Z得分	2.4346512	3.01772042	1.1547403

注：平均数标准误差（SEM）＝标准差/平方根（N）＝平均收益率/平均数标准误差（SEM）。

结论

在使用基于从指数中剔除股票的方法之前，我们所做的进一步研究包括：

- 成分股的剔除会对其他指数产生哪些影响？特别是对流动性和波动性更大的纳斯达克100指数来说会产生哪些影响？
- 当我们把成交量因素考虑其中的时候，会对科恩布利思的研究产生哪些影响（例如，每天只买入 X 股股票)？

- 当你看到在生效日期之前发生股价大幅下挫的股票时，会发生哪些事情？

然而，除了这些因素之外，如果直接接入经纪人坚持收取较低的佣金的话，我个人认为采取基于从指数中剔除成分股的方法应该是可行的。

第11章　关于200日移动平均线的那些事儿

我们经常会从各种媒体当中听到200日移动平均线这个概念。例如，"标准普尔500指数刚刚与其200日移动平均线交叉，这肯定是大牛市的标志啊"，"微软公司（MSFT）与其移动平均线交叉，下周肯定会走出一波漂亮的拉升走势"，等等。我个人对此持怀疑的态度，但这并不意味着这种会导致牛市行情的走势对我一点意义也没有。我有很多次听到人们在谈论200日移动平均线的时候，他们都会说这是进场的大好时机（移动平均线的交叉），而我却从来也没有听到过有谁说过赶紧离场，因此，我们很难说它是一种成功的交易策略。而且，我从来不相信人们经常说的"牛市"这个词。这个词到底是说市场是从现在开始，还是从明天开始就一直涨下去了呢？

首先，200日移动平均线指的是什么？简单来说，就是将一只股票前200天的价格相加，然后除以200。正如我们在图11-1中看到的那样，当我们处于牛市行情中时，标准普尔500指数的每日收盘价在大多数情况下都会位于200日移动平均线的柱形图之上；而当我们处于熊市当中时，标准普尔500指数的每日收盘价在大多数情况下都会位于 200 日移动平均线的柱形图之下。现在的问题是，当标准普尔 500 指数的每日收盘价在 200 日移动平均线之上的时候，我们是否可以说市场已经实现了从熊市到牛市的转换呢？

在下面的章节里，我将介绍几种使用 200 日移动平均线的方法。首先，我会试图对那些在媒体上利用 200 日移动平均线预测趋势变化的预测者们提出的观点进行对照和检验。然后，我会在利用 200 日移动平均线这一观点的基础之上用做多策略来证明"反向"指标，这种指标在熊市和牛市中都可以很好地发挥作用。

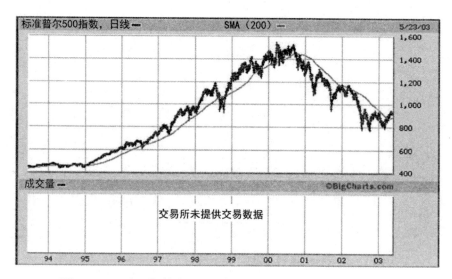

图 11-1　标准普尔 500 指数的 200 日移动平均线

交易方法

下面介绍的是当媒体提及 200 日移动平均线并进行预测时，我感觉最为接近真实情况的方法：

- 当标准普尔 500 指数的收盘价与其 200 日移动平均线交叉的时候买入。
- 当标准普尔 500 指数低于其 200 日移动平均线的时候卖出。

我们很难判断这是一种牛市行情，但是其得出的结果却是正值。我们产生这种质疑是因为这种方法产生正值结果的百分比只有 28%。换句话说，如果标准普尔 500 指数的收盘价位于其 200 日移动平均线之上，那么最终出现标准普尔 500 指数的收盘价位于其 200 日移动平均线之下的概率是 70%。

也就是说，自从 1950 年以来，在每一次出现这种情况的时候运用这一方法会让投资者的资金无法快速撤出。总结：自 1950 年以来一共出现过 142 次这种情况，其中有 40 次是成功的，而另外的 102 次则以失败而告终，每笔交易的平均收益率是 3.23%（包含亏损在内）。我们在 1950 年投入 1 万美元，其现在的价值是 55000 美元；然而，如果我们将这 1 万美元运用到买入并持有策略中去，其现在的价值只有 49400 美元。

从 2000 年 1 月 1 日以来，根据这一指标（图 11-2）进行操作，出现了多次的失误，在全部 17 次交易中只成功了 2 次（包括 2003 年 4 月 21 日开盘，但还没有收盘的那次）。因此，当有些人一说到"现在是 200 日移动平均线的交叉点，牛市来了"的时候，你最好不要信以为真。

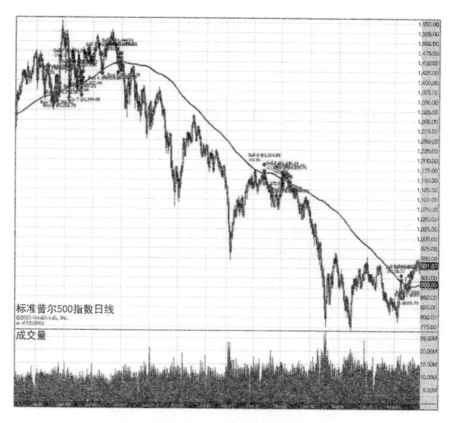

图 11-2　错误的开始

在交易当天使用 200 日均线差指标（DMA）

我们来看另外一种方法：

- 当标准普尔 500 指数的收盘价与 200 日移动平均线交叉的时候买入。

- 持有一天后卖出。

这种观点对于那些在出现交叉时疯狂买入的人来说肯定是件

好事儿。

结果只出现了温和的正值，但是并没有得出统计学上的显著性，更没有跑赢佣金和股价的下跌这两种因素。从 1950 年以来的 147 次交易中，成功与失败的次数分别是 74 次和 73 次，平均收益率也只有 0.11%（等于现在标准普尔 500 指数的 1 点）。

然而，当我们在 200 日移动平均线交叉的时候买入并持有 1 个月的这种情况下，结果要好得多：成功率是 72%，平均收益率是 1.65%；而自 1950 年以来平均每月的收益率是 0.68%。我们最后一次使用这种方法进行交易是从 2003 年 4 月 17 日开始到 5 月 16 日结束，这期间的收益率是 5.68%。将持有时间增加到一个季度并没有提高交易结果：每笔交易的收益率 2.67%，而自从 1950 年以来平均每季度的收益率是 2.04%。

也许当标准普尔 500 指数与其 200 日移动平均线交叉的时候买入并持有一个月，你还真有可能赶上一波牛市。比起随机买入并持有一个月的策略，这种方法最起码会让你的收益率翻一番。

如果用 200 日均线差指标（DMA）对一揽子股票进行操作的话，会发生什么情况？当该股出现 200 日移动平均线交叉的时候买入，然后一个月之后卖出。我运用这种方法对过去 8 年里标准普尔 400 中盘股进行模拟检验，每笔交易所动用的资金只占全部资金的 1%。最终的结果还是可以的：图 11-3 显示了每笔交易 0.62% 的收益率和年收益率。这也证明了你虽然能够在 2002 年死里逃生，但是也会遭受沉重的打击。

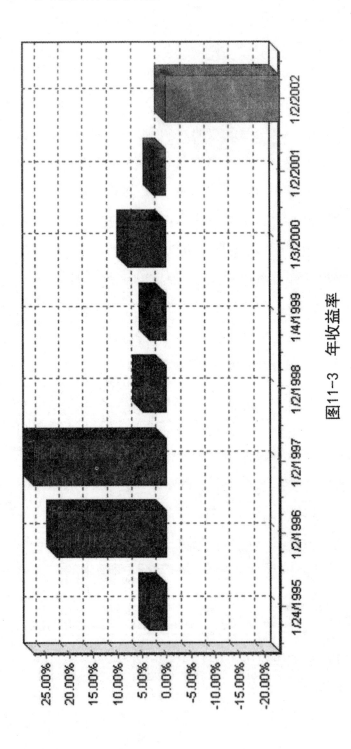

图11-3 年收益率

总之，尽管从概念上来讲，当指数与 200 日移动平均线交叉的时候有可能会出现牛市行情，但是这并不意味着我们会找到一种能够取得好结果的有价值的交易策略。因此，我决定再尝试另外一种方法：我根据均值反转的概念进行反转交易，也就是说，当标准普尔 500 指数的价格触及相对于其 200 日移动平均线最低的一个价格时买入。具体步骤如下：

- 当标准普尔 500 指数的收盘价低于其 200 日移动平均线的时候买入（如 1987 年和 2001 年 9 月 20 日的股市大跌）。
- 持有一个月（20 个交易日）以后卖出。

自 1950 年以来，在运用这种方法进行的 79 次交易中，有 65 次（82%）实现了赢利，14（17%）次未能赢利，每笔交易的平均收益率是 6.43%，而我们随机在任意一个月买入的收益率只有 0.68%。这个结果还不错。有意思的是，如果一个人从 1975 年开始就只关注标准普尔 500 指数的数据，那么运用这种方法就会取得 34 次交易全部成功的成绩，与之对应的每笔交易的平均收益率则达到了 10%。最后一次交易从 2002 年 10 月 10 日开始到 11 月 7 日结束，期间获得的收益率是 12.28%。如此的收益率足以支付你的账单，你现在要做的就是举杯庆祝了。

结 论

有关根据 200 日移动平均线就能够判断出市场趋势（牛市/熊市）的争论也许会成为鸡尾酒会上的热门话题，但是这种方法确实不能为大家带来利润。相反，当出现绝对下跌趋势的时候，市场相对于其 200 日移动平均线也会出现下跌，在这种情况下进行买入操作通常就是我们进行做多交易的最佳时机。当电视上的那些专家还在为股票的收盘价高于 200 日移动平均线时市场会出现哪种趋势而争论不休的时候，你就应当马上离场，好好去享受一下自己的假期了。

第12章　季度末、月末和跨月份交易

季度末神话的破天

我写这篇文章的时间是 2003 年 6 月 29 日，而明天就是这个季度的最后一天了。我运用自己掌握的各种方法在纳斯达克股指期货早上开盘的时候发现了一个重要的空头信号。我把这一发现告诉了我的两个朋友——一位是摩根士丹利（Morgan Stanley）的股票经纪人，另一位是掌管着 5 亿美元资产的专业资金经理。他们两个人对此的回答如出一辙："嘿，我亲爱的朋友！我是不会在这个季度的最后一天做空纳指 100ETF（QQQ）的。难道你不认为这个季度末会出现造假账（粉饰会计报表）的情况吗?"

我在谷歌搜索引擎上面查找"季度末"和"造假账"这两个词条，一共查到了 545 条结果。其中有一条解释是这样说的："在造假账的这段时间里，你考虑最多的事情就是能够再多持有几天。"这句话并没有引起我的注意，我的意思是，基金经理是不会通过拉高诸如微软公司（MSFT）和英特尔公司（INTC）的

— 153 —

股价来保证其收益率得到提高的。巨额成交量在任何一只共同基金的布局面前都不会起到太大的作用。

因此，我对季度末做空的方法进行了检验：

- 在本季度最后一天的开盘时持有空头头寸。
- 在当天的交易结束时平仓。

检验结果如下：

纳指 100ETF（QQQ）：16 次交易中成功 8 次，平均收益率 0.68%。

半导体指数 ETF（SMH）：11 次交易中成功 9 次，平均收益率 1.72%。

标准普尔 500ETF（SPY）：41 次交易中成功 29 次，平均收益率 0.34%。

纳斯达克 100 指数（NDX，1988 年开始）：60 次交易中成功 24 次，平均收益率 0.10%。

标准普尔 500 指数（SPX，1988 年开始）：60 次交易中成功 33 次，平均收益率 0.11%。

罗素 2000 指数（RUT，1987 年开始）：62 次交易中成功 10 次，平均收益率-0.63%。

实际上，不论是牛市还是熊市，交易者都会尽量避免在本季度的最后一天补购。但是罗素 2000 指数是个例外，正如我们所预期的那样，那些构成该指数的流动性很差的股票有可能受到操纵。我们根据上面的结果判断在本季度的最后一天可能会出现配对交易：做空半导体指数 ETF（SMH），并做多 iShares Russell 3000（IWV）和罗素 2000 指数 ETF-iShares（IWM）。

月度恐慌的终结

在每个月的月末，每一个基点对于基金经理来说都是至关重要的。因为他们的奖金就来自于每个月最终的绩效，他们需要计算夏普比率，然后向投资者炫耀那份经过粉饰的追踪记录。如果市场从当天的中午开始下跌，那么对于投资组合经理来说可算不上什么好事儿，因为他们的饭碗完全寄希望于那天的每一根柱形图了。结果是，如果情况比预想的还要糟糕，基金经理很有可能会在恐慌中进行非理性抛售。当然，我们知道他会在第二天的时候轻而易举地再将这些股票买进。

基于以上的观察，我们得出了如下方法：

- 当每个月最后一天的跌幅为 1% 的时候，在收盘的时候买入。
- 然后在第二个月的第一天开盘时卖出。

案例：纳指 100ETF（QQQ），2003 年 3 月 31 日

2003 年 3 月的最后一天，或者对于市场来说是一个特殊的月

份，即纳指100ETF（QQQ）在当天出现了下跌——其收盘价为25.25美元。第二天，当消息得到澄清之后，投资组合经理马上意识到他们犯了一生中最大的一次错误，他们在开盘之前将价格抬高，因此导致该股以25.44美元开盘。从图12-1中可以看到，在此时卖出我们可获利0.75%（也可以参见表12-1和表12-2）。

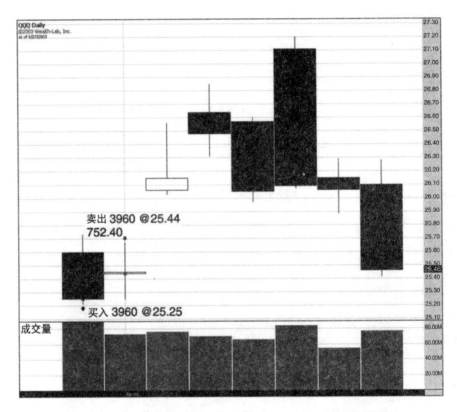

图12-1　纳指100ETF（QQQ），2003年3月31日

表 12-1　月末恐慌方法的交易结果

（QQQ，1999 年 3 月 4 日—2003 年 6 月 30 日）

	全部交易
全部交易	13
平均利润/亏损（%）	1.32%
平均持有天数	1
交易成功的次数	11（84.62%）
平均利润（%）	1.66%
平均持有天数	1
最大连续交易成功次数	6
交易失败的次数	2（15.38%）
平均损失（%）	- 0.57%
平均持有天数	1
最大连续交易亏损次数	1

表 12-2　在月末恐慌中进行交易的结果

头寸	代码	进场时间	进场价格	离场时间	离场价格	价差（%）
多头	QQQ	11/30/1999	73.5	12/1/1999	74.32	1.12
多头	QQQ	12/31/1999	91.38	1/3/2000	96.19	5.26
多头	QQQ	5/31/2000	83.12	6/1/2000	85.19	2.49
多头	QQQ	9/29/2000	88.75	10/2/2000	90.25	1.69
多头	QQQ	12/29/2000	58.38	1/2/2001	58.56	0.31
多头	QQQ	1/31/2001	64.3	2/1/2001	64.55	0.39
多头	QQQ	2/28/2001	47.45	3/1/2001	46.97	-1.01
多头	QQQ	12/31/2001	38.91	1/2/2002	39.57	1.7
多头	QQQ	2/28/2002	33.78	3/1/2002	34.15	1.1
多头	QQQ	5/31/2002	30.04	6/3/2002	30	-0.13
多头	QQQ	9/30/2002	20.72	10/1/2002	20.91	0.92
多头	QQQ	11/29/2002	27.72	12/2/2002	28.42	2.53
多头	QQQ	3/31/2003	25.25	4/1/2003	25.44	0.75

顺便说一句，维克多·尼德霍夫（Victor Niederhoffer）在

《投机客养成教育》（*Education of a Speculator*）一书指出，开发一种隔夜持有的方法是保证赢利的基础。我们随便举一个例子，假设你在每个交易日以晚间收盘价买入标准普尔 500ETF（SPY），并在第二天的早上卖出。在从 1993 年到 2003 年的这段时间里，你每笔交易的平均收益率是 0.05%。相反，如果你从 1993 年开始在开盘的时候买入然后在收盘的时候卖出标准普尔 500ETF（SPY），你每笔交易的平均收益率是-0.01%（每笔收益亏损 0.01%）。我们因此得出结论，从 1993 年以来，所有的收益都是通过隔夜交易获得的。

跨月份交易

最有意思的月度形态莫过于跨月份交易这种形态了。如果市场的月份跨度很大，且证券的最高点和最低点已经处于前一个月的范围之外，那么证券的波动将会在下个月朝着其平均值回归，因此接下来的这一个月出现上涨的可能性是非常高的。我们根据这种趋势总结出了以下的方法：

- 当标准普尔 500ETF（SPY）前一个月的高点比之前两个月出现的高点还要高的时候，则在本月的第一天买入，或者当前一个月的低点比之前两个月出现的低点还要低的时候买入。

- 在本月的最后一天收盘时平仓。

表 12-3 对交易结果进行了总结。从中我们可以看到，每笔持有期为 1 个月的交易的平均收益率是 2.20%，而通过随机买入方法获得的平均收益率是 0.78%。表 12-4 列出了自 1993 年以来运用跨月份交易方法取得的交易结果。

表 12-3 跨月份交易，1993—2003

	全部交易
全部交易	12
平均利润/亏损(%)	2.20%
平均持有天数	1
交易成功的次数	8（66.67%）
平均利润(%)	4.31%
平均持有天数	1
最大连续交易成功次数	3
交易失败的次数	4（33.33%）
平均损失(%)	-2.03%
平均持有天数	1
最大连续交易亏损次数	1

表 12-4 自从 1993 年以来的跨月份交易

头寸	代码	进场时间	进场价格	离场时间	离场价格	价差(%)
多头	SPY	11/1/1994	41.9	11/1/1994	40.41	-3.56
多头	SPY	2/1/1996	58.02	2/1/1996	58.27	0.43
多头	SPY	11/3/1997	87.25	11/3/1997	89.52	2.6
多头	SPY	2/2/1998	93.88	2/2/1998	98.77	5.21
多头	SPY	7/1/1998	107.85	7/1/1998	105.7	-1.99
多头	SPY	11/2/1998	105.14	11/2/1998	110.18	4.79
多头	SPY	6/1/1999	124.17	6/1/1999	131.07	5.56
多头	SPY	11/1/1999	130.94	11/1/1999	133.61	2.04
多头	SPY	2/1/2000	134.39	2/1/2000	132.17	-1.65
多头	SPY	8/1/2000	138.8	8/1/2000	147.21	6.06
多头	SPY	10/2/2000	139.77	10/2/2000	138.49	-0.92
多头	SPY	4/1/2003	85.25	4/1/2003	91.91	7.81

第 13 章　下跌 10%——恐慌 101

在 2000—2002 年的熊市中，人气指标（sentiment indicators）一直都是把握时机的有效工具，而这一点却与那句著名的华尔街格言"趋势是你的朋友"显得格格不入。但问题是："我们真的能够利用这些极端的绝望情绪制定一种交易方法吗？"我们来看一下两种与众不同的方法，一种是针对股票的，另外一种是针对指数的，而这两种标的证券的恐慌水平可以说是达到了极端的程度。如果我们盲目地利用另一方的恐慌，将会出现什么情况呢？

下跌 10%

这个概念很简单：买入低于前一交易日收盘价 10% 的股票。但是，这种程度的下跌会导致出现什么情况呢？有可能会出现的结果如下：

- 赢利预警。

- 美国证券交易委员会（SEC）宣布对公司进行调查。
- 公司在美国食品及药物管理局（Food and Drug Administration）审理的官司中败诉。
- 公司的 CEO 携款逃跑。
- 其他原因。

以上列出的这些结果都是合情合理的。而我的意思是，如果一家公司从每股赢利 2 美元的水平下降到每股亏损 2 美元，那么它就应该在一天之内下跌 10%。试问谁还想拥有这样一家公司呢？那肯定不会是在一天之内疯狂抛售价值几千万美元股票的共同基金，也不可能是那些让客户进入股票市场而让自己最后处于尴尬境地的股票经纪人，更不可能是那些追踪趋势并做空趋势的每日短线交易者。如果一只股票处于如此的境地，那它无疑是卷入了死亡的漩涡。

因此，我们发现了一种利用市场恐慌进行交易的方法：

- 买入低于前一交易日收盘价 10% 的股票。
- 在当天交易结束的时候将其卖出。

我们把在过去 5 年中所有标准普尔 400 中盘股中的股票考虑进来。我之所以会选择中盘股，是为了避免受到那些所谓的企业规模效应的影响，但是同样的测试可以应用于任何股票的子集。

假设我们的初始资金是 100 万美元，每次交易使用 5 万美元（占投资组合的 5%）。结果请参见表 13-1。从 1997 年 1 月 1 日起，我们运用这种方法进行了 8200 次交易，其中有 60%的交易获得了赢利，每笔交易的平均利润是 1.4%。使用该方法遇到的最大跌幅是-3.5%，这与采用买入并持有策略（图 13-1 的资金曲线中用比较粗的波浪线表示）获得的-40%的结果截然相反。

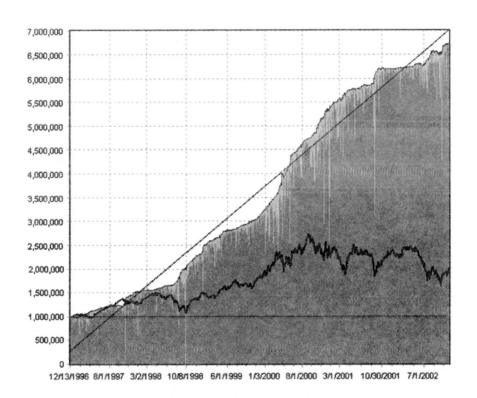

图 13-1　投资组合资金曲线

表 13-1　利用下跌 10% 进行交易的方法

	全部交易	买入并持有
初始资金	$1,000,000.00	$1,000,000.00
期末资金	$6,744,820.50	$1,998,198.00
净利润	$5,744,820.50	$998,198.00
净利润(%)	574.48%	99.82%
风险(%)	7.50%	100%
风险调整后的收益率	7,663.94%	99.82%
全部交易	8,197	397
平均利润/亏损	$700.84	$2,514.35
平均利润/亏损(%)	1.42%	99.85%
平均持有天数	1.00	1,499.00
交易成功的次数	4968(60.61%)	282(71.03%)
总利润	$12,969,821.00	$1,101,028.75
平均利润	$2,610.67	$3,904.36
平均利润(%)	5.30%	155.07%
平均持有天数	1.00	1,499.00
最大连续交易成功次数	41	14
交易失败的次数	3229(39.39%)	115(28.97%)
总亏损	$-7,224,984.00	$-102,831.17
平均亏损	$-2,237.53	$-894.18
平均亏损(%)	-4.54%	-35.56%
平均持有天数	1.00	1,499.00
最大连续交易亏损次数	25	5
最大跌幅	-3.54%	-40.43%
最大跌幅(美元)	$-142,059.75	$-1,107,053.25
单日最大跌幅日期	4/14/2000	10/9/2002
标准差异	$335,618.53	$258,692.67
风险回报率	3.35	0.91
夏普比率	3.24	0.16

该方法的变体：

- 买入低于前一交易日收盘价10%的股票。
- 持有 1 个月以后将其卖出。

在测试中，我们将 1995 年以来所有的纳斯达克 100 指数成分股都包括在内。假设我们的初始资金是 100 万美元，每笔交易使用 2000 美元（占全部资金的 0.2%）。年收益率请参见图 13-2 和表 13-2。我们对检验结果的总结如下：

- 平均年收益率：13.89%
- 收益率的标准差：9.07
- 夏普比率：1.53
- 每笔交易的平均收益率：8.16%
- 每笔成功交易的平均收益率：28.82%
- 每笔失败交易的平均收益率：-18.67%

表 13-2　年收益率

初始日期	收益	收益(%)	最大跌幅(%)	风险	进场	离场
1/24/1995	99,167.25	9.92	-1.48	5.76	351	301
1/2/1996	108,217.50	9.85	-2.86	8.24	569	598
1/2/1997	70,164.13	5.81	-2.12	8.25	637	605
1/2/1998	358,756.75	28.08	-5.51	12.44	989	986
1/4/1999	247,274.00	15.11	-2.01	8.91	921	919
1/3/2000	168,689.00	8.96	-14.45	23.24	3,112	2,799
1/2/2001	565,377.88	27.55	-16.89	18.73	2,475	2,770
1/2/2002	153,366.75	5.86	-7.50	12.49	1,867	1,764

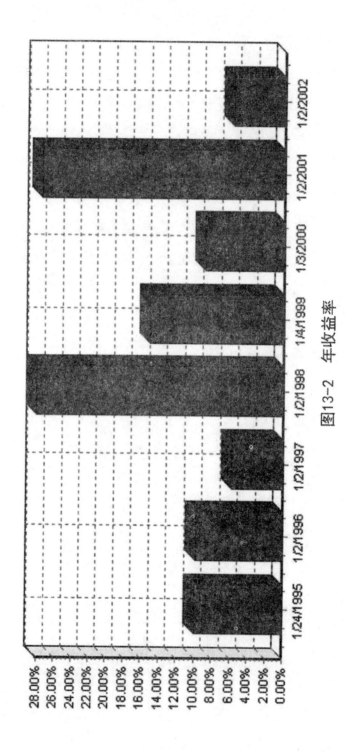

图13-2 年收益率

极端情况下的涨/跌

在某些情况下，极度的恐慌是不能够用下跌的幅度来衡量的（例如，下跌 10%），而是要用下跌的广度来衡量（例如，当天市场中所有的股票都出现了下跌）。但是这并不代表所有的个股都会在市场的暴跌中下挫（实际上，黄金类个股通常是上涨的），如果出现 1 只股票上涨而 7 只股票下跌的情况，我们就会认为这是一种极端的行情走势。以标准普尔 400 中盘股为例，我们可以把对 7 只股票下跌而 1 只股票上涨进行计算得出的比率转化为用上涨的股票数量减去下跌的股票数量，结果是 -300（50 只股票上涨，350 只股票下跌）。

我利用这种方法衡量市场恐慌的极端程度的要点如下：

- 如果通过上涨股票的数量减去下跌股票的数量低于 -300，则在市场收盘的时候买入标准普尔 400 中盘股（MDY）指数。
- 在 2 个月内将股票卖出。

自从 1966 年以来，我利用这种方法进行交易的结果请参见表 13-3。从表 13-3 中你可以看到，并不是所有的交易都是赢利的——在总共只进行的 9 次交易中，其中有 6 次是赢利的。然而有意思的是，通过观察那些市场对下跌做出极端反应的日期，我们可以看到每一个投资者都在疯狂地抛售，因此，那段时间被称为明显的市场底部。

表 13-3　交易

进场日期	进场价格	离场日期	离场价格	价差(%)	持有天数
10/27/1997	308.70	12/24/1997	319.28	3.41	41
8/27/1998	305.25	10/26/1998	322.30	5.56	41
4/14/2000	431.37	6/14/2000	489.55	13.47	41
3/12/2001	478.61	5/9/2001	510.71	6.69	41
6/14/2001	509.98	8/13/2001	501.93	-1.60	41
9/17/2001	445.19	11/13/2001	479.45	7.67	41
6/3/2002	515.82	7/31/2002	441.27	-14.47	41
8/2/2002	419.70	10/3/2002	399.18	-4.91	41
10/4/2002	389.47	Open	Open	15.18	40

结　论

在恐慌中进行买入操作是非常困难的。在出现市场恐慌的那些日子里，我是不可能用手中的计算器算出我能够挣多少钱的。我可能还会想："这简直就是世界末日！"我要准备从我在加拿大的小木屋中搬出来了。然而，机会就来自这些时刻。

第14章　利用期权到期日进行交易

为了确认趋势的边际，我们只有寄希望于有效市场理论（EMT）在某些时刻不能完全发挥其作用。因为所有的信息都充斥在一个理性而又有效的市场中，所以这些因素是不利于我们发现有利用价值的边际的。然而，假设在一个月中的某一天真的出现了有效市场理论无效的情况，那么这一天就肯定是每个月的第三个星期五——即期权到期日（OED）。

对于在期权到期日这天究竟会发生什么这件事情上，我想每个人都会有自己的观点。以下就是我摘抄的上个星期读到的相关信息（我在写这部分内容的时候，正值股指期货、股指期权、单只股票期权和期货全部在同一天到期的时候，这种现象被称为"四巫日（Quadruple witching day）"）：

- 股票价格趋于整数。
- 在最后1小时里出现极端的反向走势。
- 在期权到期日之前的一周，市场的趋势趋于稳定。
- 在期权到期日结束的时候，进行逆市交易。

在期权到期日当天，几乎每一个人都想参与到市场中来，而且交易者在这天所亏损的金额可能要比这个月中其他任何一天的亏损都要多。

我们现在来看一些能够经得起时间的考验，并且证明其在期权到期日前后得出的结果具有统计显著性的观点。虽然这些观点当中都没有出现过比较多的交易次数（在如此之多的期权到期日当中，我们仍然只寻找那些极端的情况），但是我们将这些数据汇总到了一起。

用于以下测试方法中的所有数据全部来自 1988—2003 年的标准普尔（S&P）和纳斯达克 100 指数（NDX）。交易工具为标普 500ETF（SPY）和标准普尔期货指数，或者是纳指 100ETF（QQQ）和纳斯达克期货指数。

期权到期日（OED）方法 1：
不要参与对趋势的交易 Ⅰ

一般来说，在一只证券的 4 个月高点处进行买入操作并不是个明智的选择。自从 1988 年以来，标准普尔（S&P）指数中总共出现了 407 次 4 个月高点。在我们把赢利者和亏损者都计算在内的情况下，在出现高点的这些天进行买入操作，并持有 1 周后平仓的成功率是 58%（全部 239 次交易），每笔交易的预期收益率是 0.17%。总体来说，考虑到标准普尔 500 指数（S&P500）的平均每日收益率是 0.04%，上面的结果要略低于预期。

然而，当出现以下三种情况时，便可以通过买入获利：

- 当标准普尔 500 指数创下 4 个月（80 个交易日）收盘新高时。
- 波动指数（VIX）位于其 4 个月低点的 20% 之内。
- 期权到期日之前的那个星期的星期五（期权到期日之前的那个星期）。

如果出现了这些条件，则在周五收盘的时候进行买入操作。然后持有到下周的期权到期日的收盘时卖出。

交易结果请参见表 14-1 和表 14-2。总之，每笔交易的平均收益率是 1.14%。我们在另外一种方法中把波动指数（VIX）的因素排除之后得到的结果并不是很理想：这种情况在全部 23 次成功的交易中有 17 次，平均每笔交易的收益率是 0.65%。当我们把在一周内出现期权到期日（OED）的情况排除，而保留波动指数（VIX）的因素时，则在 304 次成功的交易中会出现 191 次，平均收益率是 0.28%。显然，距离期权到期日（OED）的时间是进行交易的关键性因素。

例如，图 14-1 中标准普尔 500 指数触及了 1396.06 点的 4 个月收盘新高，波动指数（VIX）显示的 4 个月收盘低点是 19.63，而距离期权到期日（OED）只有一个星期的时间了。我们在本周五收盘的时候买入，然后在下周五卖出，可获利 1.86%。

表 14-1　期权到期日（OED）方法 1——结果

	全部交易	多头交易
全部交易	17	17
平均利润/亏损(%)	1.14%	1.14%
平均持有天数	5	5
交易成功的次数	15(88.24%)	15(88.24%)
平均利润(%)	1.38%	1.38%
平均持有天数	5	5
最大连续交易成功次数	9	9
交易失败的次数	2(11.76%)	2(11.76%)
平均亏损(%)	− 0.68%	− 0.68%
平均持有天数	5	5
最大连续交易亏损次数	2	2

表 14-2　期权到期日（OED）方法 1——交易

交易日期	进场价格	离场日期	离场价格	价差(%)	平均绝对误差(MAE, %)	最大不利变动幅度(MFE, %)
1/13/1989	283.87	1/20/1989	286.63	0.97	−0.43	1.42
4/14/1989	301.36	4/21/1989	309.61	2.74	−0.22	2.74
5/12/1989	313.84	5/19/1989	321.24	2.36	0	2.4
7/14/1989	331.84	7/21/1989	335.9	1.22	−0.33	1.68
5/11/1990	352	5/18/1990	354.64	0.75	−0.01	1.82
2/8/1991	359.35	2/15/1991	369.06	2.7	−0.01	3.11
4/12/1991	380.4	4/19/1991	384.2	1	−0.43	2.85
2/10/1995	481.46	2/17/1995	481.97	0.11	−0.12	0.85
3/10/1995	489.57	3/17/1995	495.52	1.22	−0.04	1.45
4/13/1995	509.23	4/21/1995	508.49	−0.15	−1.58	0.55
5/12/1995	525.55	5/19/1995	519.19	−1.21	−1.61	0.67
9/8/1995	572.68	9/15/1995	583.35	1.86	0	2.16
9/13/1996	680.54	9/20/1996	687.03	0.95	−0.22	0.96
11/8/1996	730.82	11/15/1996	737.62	0.93	−0.38	1.52
2/12/1998	1,024.14	2/20/1998	1,034.21	0.98	−0.63	0.98
7/9/1999	1,403.28	7/16/1999	1,418.78	1.1	−1.2	1.1
11/12/1999	1,396.06	11/19/1999	1,422.00	1.86	−0.27	2.1

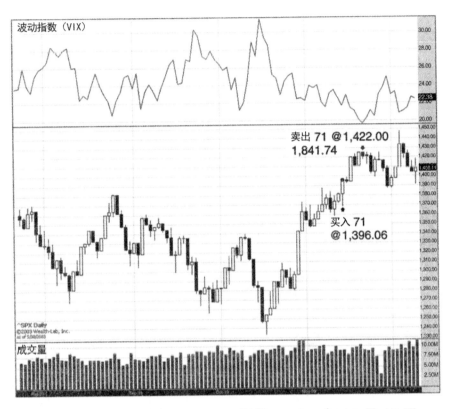

图 14-1　标准普尔（S&P）指数，1999 年 11 月 12 日

期权到期日（OED）方法 2：
不要参与对趋势的交易 II

如果期权到期日的前一天市场上涨 1.5%（以标准普尔 500 指数为主），则在交易日当天的收盘买入，然后在第二天的收盘时卖出。交易结果请参见表 14-3 和表 14-4。

表 14-3　期权到期日（OED）方法 2——结果

	全部交易
全部交易	12
平均利润/亏损(%)	0.70%
平均持有天数	1
交易成功的次数	12（100.00%）
平均利润(%)	0.70%
平均持有天数	1
最大连续交易成功次数	12
交易失败的次数	0（0.00%）
平均亏损(%)	0.00%
平均持有天数	0
最大连续交易亏损次数	0

表 14-4　期权到期日（OED）方法 2——交易

进场日期	进场价格	离场日期	离场价格	价差(%)
10/20/1988	282.88	10/21/1988	283.66	0.28
10/19/1989	347.13	10/20/1989	347.16	0.01
10/18/1990	305.74	10/19/1990	312.48	2.2
1/17/1991	327.97	1/18/1991	332.23	1.3
12/19/1996	745.76	12/20/1996	748.87	0.42
11/20/1997	958.98	11/21/1997	963.09	0.43
10/15/1998	1,047.49	10/16/1998	1,056.42	0.85
12/17/1998	1,179.98	12/18/1998	1,188.03	0.68
3/16/2000	1,458.47	3/17/2000	1,464.47	0.41
10/19/2000	1,388.76	10/20/2000	1,396.93	0.59
10/17/2002	879.2	10/18/2002	884.39	0.59
11/14/2002	904.27	11/15/2002	909.83	0.61

期权到期日（OED）方法 3：做空纳斯达克

　　首先，我们要明确的是纳斯达克 100 指数与期权到期日（OED）之间是相互排斥的。一般来说，在期权到期日收盘之前做空纳斯达克 100 指数（交易对象为纳指 100ETF，QQQ 或者纳斯达克期货指数），然后在期权到期日收盘的时候进行平仓，交易结果请参见表 14-5。如果有人试图在任意一天做空纳斯达克 100 指数（NDX），那么这些结果就会与-0.07% 的平均结果产生显著的不同。

纳斯达克 100 指数（NDX）在期权到期日前一天下跌的越多，我们得到的结果就会越好（参见表 14-6）。甚至在期权到期日当天，如果纳指 100ETF（QQQ）较昨日的收盘价跳空高开，我们在做空的时候就可以免遭损失，然后在当天收盘的时候平仓（参见表 14-7 和表 14-8）。

表 14-5　期权到期日（OED）方法 3——结果

	全部交易
全部交易	176
平均利润/亏损(%)	0.42%
平均持有天数	1
交易成功的次数	99（56.25%）
平均利润(%)	1.44%
平均持有天数	1
最大连续交易成功次数	7
交易失败的次数	77（43.75%）
平均亏损(%)	- 0.89%
平均持有天数	1
最大连续交易亏损次数	4

表 14-6　结果

纳斯达克 100 指数（NDX）跌幅大于	结果	平均收益率
1%	25 out of 38	0.99%
1.50%	18 out of 29	1.06%
2%	13 out of 18	1.48%
3%	8 out of 11	1.70%

表 14-7　期权到期日（OED）方法 3——
在出现跳空缺口的情况下

	全部交易
全部交易	17
平均利润/亏损(%)	0.72%
平均持有天数	1
交易成功的次数	14（82.35%）
平均利润(%)	1.09%
平均持有天数	1
最大连续交易成功次数	8
交易失败的次数	3（17.65%）
平均亏损(%)	－ 1.05%
平均持有天数	1
最大连续交易亏损次数	2

表 14-8　期权到期日（OED）方法 3——
在出现跳空缺口的情况下交易

进场日期	进场价格	离场日期	离场价格	价差(%)
9/17/1999	62.03	9/17/1999	63.31	−2.06
12/17/1999	84.5	12/17/1999	83.78	0.85
1/21/2000	96.5	1/21/2000	96.25	0.26
2/18/2000	102.62	2/18/2000	98.44	4.07
6/16/2000	94.75	6/16/2000	94.25	0.53
8/18/2000	95.94	8/18/2000	95.25	0.72
9/15/2000	93.12	9/15/2000	91.31	1.94
11/17/2000	73.19	11/17/2000	72.83	0.49
1/19/2001	68.14	1/19/2001	66.31	2.69
12/21/2001	39.42	12/21/2001	39.48	−0.15
3/15/2002	36.89	3/15/2002	37.23	−0.92
4/19/2002	35.05	4/19/2002	34.46	1.68
5/17/2002	33.29	5/17/2002	32.93	1.08
9/20/2002	21.83	9/20/2002	21.67	0.73
12/20/2002	25.33	12/20/2002	25.32	0.04
3/21/2003	27.21	3/21/2003	27.17	0.15
4/21/2003	26.94	4/21/2003	26.92	0.07

结　论

纵观历史，在某种程度上市场中普遍存在着一些别有企图的人，我们称其为"他们"。我随时都会听到诸如：他们今天开始拉升股票、他们在砸盘、他们要"勒索"大部分人这些话。在大多数情况下，这些人都会在幕后进行操纵，从而让市场按照他们的意愿发展。如果想让这些幕后推手有朝一日露出真面目，那么这个时点就是期权到期日。通过测试并且提出正确的问题，你可以让更多的"他们"浮出水面。

第15章 极端情况下的可转债套利

在极限运动中，能够让人们陶醉于诸如滑板滑雪、花式单车、滑板等运动的原因可能是因为这些运动的风险要高于棒球或足球等普通的竞技体育。但现实是在这些主流的运动项目中有越来越多的运动员受到了伤病的困扰，而极限运动的魅力每年又让更多的人选择回归这种运动。在本章中，我们会了解到普通大众是如何看待公司破产，以及这些公司的优先股可以获得过高的收益率这一问题的。这些极端的收益率会让我们每个人都心惊胆战，不可否认的是，它会让我们获得不菲的回报。

可转债套利是指同时买入做多的可转换证券，并做空标的证券的普通股股票。这一方法的目的就是利用空头头寸来对冲掉多头头寸，从而让价格上的差异得到中和。同时，如果可转换证券是实值，那么我们就可以进一步选择收益率和绩效都不错的产品，也就是说，在股票的交易价格高于转换价格这种情况下，可转换证券的价格应该比股票的价格上涨得快。

我们有很多种复杂的方法来评估可转换证券，但是在本章中我没有运用它们中间的任何一种方法。我们在本章中所描述的方法与传统的可转债套利相结合，发挥的是回归中值策略的作用。我们在标的股票出现单日大幅下跌之后买入，因为其下跌的原因是各种各样的。也许是因为证券交易委员会（SEC）对其立案调查，也许是因为公司卷入了石棉诉讼官司，还有可能是公司发布了赢利预警。在大多数情况下，可转换债券并不会随着股票的下跌而下跌，其收益率反而会上涨到比 10 年期中期国库券高 2000 个基点的水平。

专门从事可转债套利的基金通常与在华尔街的各种债券柜台有联系。当一家公司发行可转换证券的时候，债券柜台就会以下面的方式通知这些基金："公司 XYZ 发行可转换债券 ABC 收益率 5%转换价格 50 美元 2007 年。"基金会根据这些信息决定买入还是卖出，当决定买入时，他们会通过做空标的证券的普通股股票来对冲掉手中的一部分头寸，如果股票的价格超过了转换价格，他们就会把收益率锁定在 5%的水平，然后分享上涨所带来的利润。如果一家公司无法履行计划并接近破产的话，那么可转换证券的价格超过普通股股票的价格通常就算是最好的情况了。当该公司的普通股股票价格为 0 时，其可转换证券还会有一些价值，基金也许还能够因为持有空头头寸实现赢利（当然，谋事在人，成事在天）。

然而，这种计划对于我们来说过于复杂。很多可转换证券（其他类似债券的工具）和优先股一样，都在各主要的交易所进行交易，我们关注于优先股套利可以拥有很多优势：

- 我们不会向债券柜台去询问一只流动性很差的债券的价格，而是会通过经纪人或者电子交易平台交易优先股。
- 与债券不同的是，优先股的价格通常与普通股的价格密切相关。正如我们所看到的那样，这种相关性通常是非理性的，我们可以据此对优先股股票成功采取均值回归策略。

- 优先股所面临的利率风险非常小。优先股的持有者群体［包括共同基金，401（k）计划等］要比普通股的持有者群体更加广泛。对优先股的这种交叉性持有再加上其与标的股票的相关性，会使得优先股不会受到利率大幅波动所产生的影响。至于利率，截止到我写这篇文章的时候，已经处于 45 年以来的低点，我们在此时能够采取的任何避免利率风险的策略都是非常有帮助的。

- 我们很少关注安全投资转移（Flight to quality）这个概念。1994 年和 1998 年，资金大举逃离更多有风险性的债券，转而进入更加安全的蓝筹股，这使得当时的可转债套利受到了一定的影响。然而，由于当时通过利用空头进行了部分对冲交易，从而让可转债套利策略在当年没有发挥什么作用。由于在优先股和普通股的持有者之间出现了大量的重叠，我们并没有受到赎回交易的影响。

优先股套利法则

- 当优先股和普通股在同一天下跌超过 10% 的时候锁定优先股，当优先股的当前收益率高于 8% 时进行配对交易。
- 在收盘的时候买入优先股，并按照 2 : 1 的美元比例做空普通股。当该比率偏向牛市（将优先股的移动速度比普通股慢的因素考虑在内）时，对普通股和优先股同时采取均值回归策略，但是要对冲掉自由下跌的风险。2∶1的比例可能并不是最恰当的，因为优先股的移动速度有时要慢于标的股票的移动速度。然而，优先股和普通股在同一天下跌10%的这一事实却证明了二者至少在有时候是同时移动的。

● 当配对交易获利10%或者其中一方派发股息之前卖出，或者当你决定持有更长的时间来获得更高的股息收益。然后在一个季度之后根据调整后的对冲比率寻求风险抵消，对冲比率的计算公式如下：

$$\frac{普通股在过去一个月中的变化百分比}{优先股在过去一个月中的变化百分比}$$

● 如果普通股的移动速度是优先股的3倍，那么就采用3∶1的比率。如果普通股的移动速度只是优先股的1.5倍，则应该采用1∶2的比率。

优先股有可能实现均值回归吗？当把150只优先股运用到第3章提到的方法当中去时，那么每天买入10%的下跌股票并持有1个月后，每笔交易的平均利润是13.33%，标准差是35%。仅仅是标准差这一项数据就足以让我进行对冲交易。尽管每笔交易13%的利润非常不错，但是如果出现一系列低于平均收益率的数据就会让人非常苦恼。我们的目标是锁定收益率的同时将波动性对冲掉。

风 险

在进行案例分析之前，我们有必要进一步理解交易中出现的各种风险。

- 公司会破产。我们可以通过使用空头头寸以及其他各种期权策略来进行对冲。如果公司破产的话，其优先股通常不会随着普通股的下跌而下跌。根据证券的类型，我们还可以通过保险公司的担保进行保护。

- 延迟股息的派发。我们必须要知道股息的派发并没有被取消，而只是延迟派发而已。延迟支付的这部分股息的利息也要计算在内。空头头寸只是对价格的下跌起到保护作用（在由于延迟股息派发而导致公司破产的情况下，公司普通股的价值会快速下跌）。

- 利差并不是一致的。对冲有时更像是一门艺术而并非科学。我们在前面提到的 2∶1 的比率通常是最佳的推测。然而，如果该比率并没有发挥作用，就要根据近期普通股对于优先股的价格变动百分比来重新调整这一比率。

- 利率风险。由于优先股的价格出现下跌，那么从交易的角度来说，优先证券在很大程度上具有了更多的普通股特性，而不是债券的特性。其收益率要高于标准利率，因此就需要其利用不同寻常的走势来阻止投资者追逐更高的收益。

案例：希悦尔公司普通股（SEE）/优先股（SEE-A）

2002 年 7 月 29 日，希悦尔公司报收于 37.77 美元。这家主营泡沫包装的制造商一直致力于改善公司的现金流问题，其股票也因此而有所动作。然而，公司在第二天早晨发布公告称公司卷入了石棉诉讼案，从而影响到了美国格雷斯（WR Grace）成为希悦尔公司分支机构的前景（希悦尔公司此前并购了格雷斯）。现在的问题是，格雷斯公司能否通过拖延时间进入破产程序的方法来摆脱其应当承担的责任。在和希悦尔公司达成的协议中，格雷斯公司决定承担所有针对希悦尔公司石棉案而产生的债务，但是协议中并没有说明格雷斯公司是否会根据联邦破产法第 11 章进入破产保护程序。法庭裁定希悦尔公司承担责任，而该公司的股票在第二天大幅下挫，在以 19.80 美元开盘后快速下跌，并触及 13.29 美元的低点，最终报收于 14.51 美元，成交量是每日平均成交量的 3 倍（参见图 15-1）。

很多投资者采取了在下跌时买入的策略，大举买进希悦尔公司的股票，这一策略让大家大赚了一笔，公司的股价在第二天上涨到 17.25 美元，到收盘时的涨幅超过 20%。然而，更值得一提的操作方法是在买入该公司的优先股的同时做空该公司的普通股股票。希悦尔公司的优先股从 7 月 29 日的收盘价 39.50 美元一路下跌到第二天收盘时的 25.25 美元，第三天又下跌到了 18.05 美元。在这一价格水平上，优先股获得了 11% 的股息。

另一方面，如果希悦尔公司的官司足以导致公司破产的话，那么当其普通股在公司资本结构中的比例下降到优先股以下的水平时，公司的普通股会遭受到比优先股更大的打击。换句话说，如果公司能够从破产的泥潭中起死回生，那么其优先股的股东将会先于普通股的股东得到补偿。再者，如果公司想要摆脱困境，那么买入希悦尔公司的优先股就等于购买了能够获得11%收益的投资工具，而且其面值也会很快得到回升。

果然，法庭很快就裁决希悦尔公司在这起石棉诉讼案中无须承担任何责任。截止到我写这篇文章的时候，希悦尔公司的优先股已上涨到51.06美元，而其普通股的价格是46.99美元。

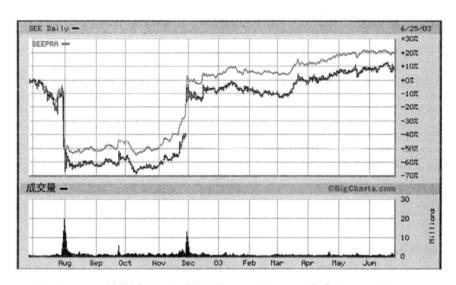

图 15-1 希悦尔公司普通股（SEE）/优先股（SEE-A）

结　论

从本书所介绍的众多交易方法中我们发现，交易者总是在恐慌发生之后才静下心来思考。在优先股套利这部分内容里，我们获得的收益率远远超过了对其合理的预测的范围，对此我们有必要进行检验，并且看看我们是否真的能够赢利。由于在这些案例中普通股和优先股之间的关系非常紧密，因此，当我们还在试图获得高额收益率的时候，破产的风险很有可能就已经被消除了。

第16章 布林带在盘中的应用

很多每日短线交易者之所以会出现亏损，是因为市场并不愿意在很短的时间内将大笔的资金拱手相让。本书中提到的大多数方法都是以一天或者几天为时间单位的。虽然这些方法会让市场中的专业人士感到焦虑，并且需要他们不断地进行观察和检验以证明这些方法的有效性。将持续时间的范围从天缩小到分钟也许会更多地检验市场的愤怒情绪。然而，当市场的参与者的恐惧和贪婪的欲望不断膨胀的时候，机会也会随之出现。

虽然我们使用纯粹的系统化方法，但是当日交易和盘中交易的对象通常不是指那些意志薄弱的人。市场下跌是现实，交易失败亦是无法改变的事实，而每天超负荷的工作则会成为常态。我从来没有把自己描述成为一个体格健壮的人，但是我每天早上却醒得很早（凌晨4点到5点之间），然后出门走上几英里的路，阅读几份晨报，当时间来到7点钟的时候，我便进入交易系统寻找期货市场和股票市场发出的交易信号。在早上8点钟的时候，我通常已经制定好了当天的计划，并且尽可能地列出了今天可能会发生的事情。如果没有充分的准备和健康的身心，要想在股票市场中获得成功的概率几乎是零。

我们在第 5 章中学习了使用 1.5 的标准差，在一只股票低于 10 日布林带的时候进行买入操作的情况。在本章中，除了观察每日柱形图以外，我们还将观察 5 分钟走势的柱形图，然后回答以下问题：当我们使用 2 个标准差，且一只股票穿过 10 日 （10-period） 布林带的时候会出现哪些情况？

5 分钟布林带方法

在一只股票的 5 分钟股价走势图当中，划分出 10 根移动平均数，并且将移动平均数两边的布林带标准差设定为 2。然后按照下面的方法进行操作：

- 当股票跌破最下端的布林带 3% 的时候买入。持有到买入该股时的那根 5 分钟柱形图的最后。
- 当股票实现 1% 的利润目标，或者在买入该股之后的第二根柱形图的最后时刻卖出。

问题的关键在于如何才能跟踪这些我们感兴趣的股票呢？在每天的开盘之前，使用 eSignal、TradeStation，或者 Wealth-Lab （我所有的检验工作均使用该软件） 等股票绘图软件来确认每只股票的布林带水平。然后就可以运用这些程序包设定警报器，并与诸如盈透证券 （Interactive Brokers）、Cybertrader 等直接接入经纪人 （direct-access broker） 进行链接，从而实现自动交易。

以下介绍的案例最关键的因素就是时间。一般情况下，市场出现极端且快速的抛售便可触发这种方法，股票此时要么马上出现反弹，要么仍然在混乱中寻找方向。如果出现了后面的那种情况，我们则必须马上离场，因为根据我们进场时的那根柱形图，距离发现我们的利润目标只有 10 分钟的时间了。

案例：甲骨文（ORCL），2002 年 5 月 20 日上午 10 点 30 分

美林证券（Merrill Lynch）现在正处于后布洛杰特（post-Bloget）时代的技术悲观主义的愤怒之中。2002 年 5 月 20 日，其还在反复强调要将所有的科技类个股逢高卖出。然而，他们这一预测的有效期仅仅维持了两个月的时间，任何在 2002 年 5 月做空科技股的投资者将会在未来的几年中追悔莫及。然而，恐慌却让我们获得了一种广为流行的技术分析方法。我们以甲骨文（ORCL）公司为例，该公司股价在 5 月 20 日上午 10 点 30 分触发了 8.73 美元的买入信号（参见图 16-1）。在经历了一波短暂的抛售之后，该股的价格已经跌破其布林带最下轨的 3%，而其布林带在上午的这段时间内一直处于下跌之中。我们在这个临界点买入股票，并持有到下一个 5 分钟柱形图的开始，我们以 9.02 美元的价格卖出股票便可快速获利 3.3%。

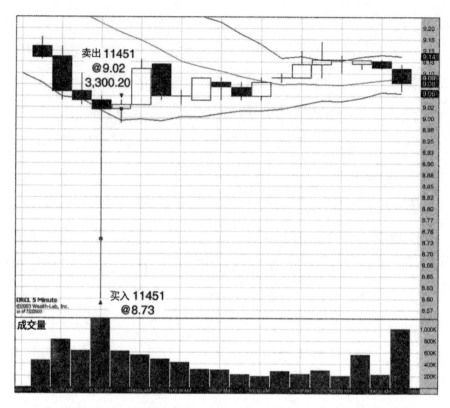

图 16-1　甲骨文（ORCL），2002 年 5 月 20 日

案例：微软公司（MSFT），2000 年 4 月 3 日

我们列举的很多案例的发生时点之所以会出现在每天的开盘，是因为这个时间段正是市场波动最大且最容易出现恐慌的时刻。市场经过一个晚上的时间对信息进行分解消化，大多数的市场参与者正好在第二天开盘的时候根据这些信息进行交易。

我们来看图 16-2。2000 年 4 月 3 日，微软公司（MSFT）的股价跳空低开，并且在 9 点 30 分开盘后连续两个 5 分钟走势的柱形图中触发了买入信号。当发出第 1 个信号后，我们在第二根柱形图结束时以 47.69 美元卖出，可获利 1%；而当第 2 个信号发出后，我们在第二根柱形图的开始时以 47.44 美元买入，然后马上以 47.91 美元卖出，获利 1%。

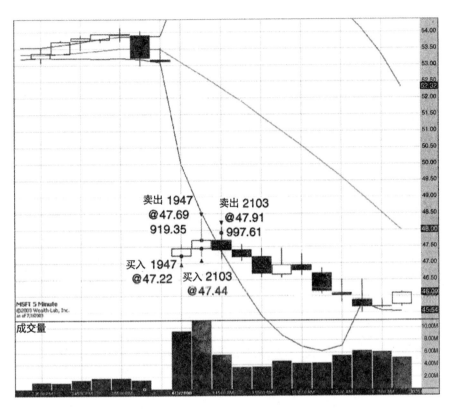

图 16-2　微软公司（MSFT），2000 年 4 月 3 日

案例：应用材料公司（AMAT），2001 年 11 月 12 日

2001 年 9 月 11 日清晨，一架飞机坠毁在肯尼迪机场附近。然而，飞机失事并没有让人们意识到恐怖袭击的存在。期货大幅下跌，而科技股在开盘之前就已经开始了暴跌，而且其在 "9·11 事件" 之后的一个星期里更是遭到了最为猛烈的冲击。那些警惕性高而且又善于利用恐慌的人此时看到了买入 AMAT 股票的

时机，当其股价跌破布林带下轨 3% 的时候，我们便可以在其盘前交易的低点 18.20 美元发现被触发的买入信号（参见图 16-3）。当我们持有到这个 5 分钟柱形图的结束并以 19.33 美元卖出时，就可以获利 6.15%。

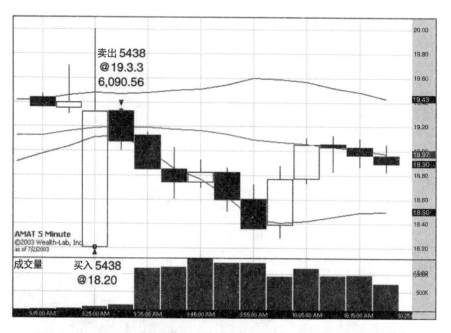

图 16-3　应用材料公司（AMAT），2001 年 11 月 12 日

从恐慌中获利

如果出现恐慌性抛售，那么情况将会怎么样呢？恐慌会不会被确认呢？对于这个问题的回答主要有两个：

- 在过去的 1 个世纪里，当出现恐慌性抛售的时候，它几乎每一次都没有被确认过。

● 虽然出现了恐慌性抛售的情况，但结果却是越跌越买。

我们接下来看一看道琼斯指数在发生的数次世界级的灾难过后的表现：

● 1963 年 11 月 22 日约翰·F. 肯尼迪（John F. Kennedy）遇刺身亡之后的第 1 个交易日道指下跌 3%，一个月后上涨 7.6%。

● 1950 年 6 月 26 日朝鲜战争爆发之后的第 1 个交易日道指下跌 4.6%，两个月后下跌 3%。

● 杰拉德·福特（Gerald Ford）原谅理查德·尼克松（Richard Nixon）（此事不如恐怖主义让人恐惧，但是很显然，它激起了全体美国人民对其领导人的彻底不信任）之后的第 1 个交易日道指下跌 2.7%，两个月后上涨 7.4%。

● 1941 年 12 月 7 日珍珠港事件爆发后的第 1 个交易日道指下跌 4.2%，两个月后下跌 5%（市场并没有自珍珠港事件爆发后再创新高，这种情况一直持续到 1942 年 10 月 8 日）。

● 1962 年 10 月 26 日古巴导弹危机爆发之后的第 1 个交易日道指下跌 1.9%，两个月后上涨 12%。

● 2001 年 9 月 11 日纽约世贸中心双子塔毁于恐怖袭击之后的第 1 个交易日道指下跌 5.2%，两个月后上涨 4%。

在上面列举的这些事件中，当整个世界似乎正深陷泥潭的时候，美国股票市场中的买家便出现了。这种好事儿会一直持续下去吗？这件事我们不得而知。然而，在市场出现恐慌的时候进行买入操作通常是赚取利润的可靠手段，而这种方法在某种程度上又可以延续些时日。另外需要引起我们注意的是，恐慌永远不会真正离我们而去，例如，它会以诸如最新发布的具有负面影响的就业报告、无休止的战争、虚假赢利的披露，以及最终告吹的兼并与收购交易等形式让人们再次陷入疯狂的抛售旋涡当中。疯狂的抛售通常都是非理性的，因此我们必须在此时大笔买入。如果你对此时的情况表示担心的话，那就将你手中的头寸保持较小的规模（总之，你应当逐一运用这些方法）。

5 分钟布林带方法的应用结果

表 16-1 是我们在 2002 年 2 月 2 日到 2003 年 6 月 30 日期间对以下的一揽子股票使用 5 分钟布林带方法的交易结果，这些股票包括应用材料公司（AMAT）、博通（BRCM）、思科（CSCO）、戴尔（DELL）、英特尔（INTC）、捷迪讯（JDSU）、微软公司（MSFT）、甲骨文（ORCL）、纳指 100ETF（QQQ）、Siebel Systems（SEBL）以及升阳（SUNW）。这些都是纳斯达克 100 指数成分股中成交量最大的股票。从表中我们可以看到交易的成功率是 92%，而与之对应的每笔交易的平均收益率是 2.77%。

表 16-1　5 分钟布林带方法，

2002 年 2 月 2 日—2003 年 6 月 30 日

	全部交易
全部交易	113
平均利润/亏损(%)	2.77%
平均持有天数	1.46
交易成功的次数	104(92.04%)
平均利润(%)	3.22%
平均持有天数	1.12
最大连续交易成功次数	30
交易失败的次数	9(7.96%)
平均亏损(%)	-2.43%
平均持有天数	5.44
最大连续交易亏损次数	2

　　我们对每只股票运用本章介绍的方法得到的结果进行检验也是一件非常有价值的事情。例如，表 16-2 显示了从 1999 年到 2003 年 6 月 30 日微软公司（MSFT）的交易结果，而表 16-3 则显示了甲骨文（ORCL）的交易结果。

　　我们通过提高难度，从而寻找到一只穿透其 10 日布林带以下 2%的股票。我们将应用于甲骨文（ORCL）的 2 条布林带（10 日移动平均线、标准差为 2）的交易结果显示在表 16-4。在这个案例中，我们可以看到使用这种方法提高了交易的数量，但是每笔的平均利润却有所下降。

表 16-2　5分钟布林带方法——微软公司（MSFT）

	全部交易
全部交易	17
平均利润/亏损（%）	1.99%
平均持有天数	1.71
交易成功的次数	14（82.35%）
平均利润（%）	2.63%
平均持有天数	1
最大连续交易成功次数	20
交易失败的次数	3（17.65%）
平均亏损（%）	-0.99%
平均持有天数	5
最大连续交易亏损次数	2

表 16-3　5分钟布林带方法——甲骨文（ORCL）

	全部交易
全部交易	49
平均利润/亏损（%）	2.12%
平均持有天数	1.59
交易成功的次数	46（93.88%）
平均利润（%）	2.34%
平均持有天数	1.37
最大连续交易成功次数	34
交易失败的次数	3（6.12%）
平均亏损（%）	-1.20%
平均持有天数	5
最大连续交易亏损次数	1

表 16-4　5 分钟布林带方法的变体——甲骨文（ORCL）

	全部交易
全部交易	176
平均利润/亏损(%)	1.12%
平均持有天数	1.91
交易成功的次数	155（88.07%）
平均利润(%)	1.52%
平均持有天数	1.5
最大连续交易成功次数	26
交易失败的次数	21（11.93%）
平均亏损(%)	－1.84%
平均持有天数	5
最大连续交易亏损次数	2

结　论

实际上，市场每天的波动幅度都是非常大的。自从 1950 年以来，市场中出现 7% 的平均收益率并不能够真正地显示出市场波动的轨迹。每天都会出现 2% 的上涨/下跌，但这并不只是出现一次，而是出现好几次这样的上涨/下跌。为了能够获得这些 2% 的移动，并且将若干个 2% 累计起来，一直都是成功的交易者的目标。从长远来看，直觉这种东西并不可靠，但是通过对本章介绍的方法进行深入的研究之后，直觉也许会真正地发挥作用。

第17章 幸运数字4
（"4"是一个神奇的数字）

那些利用混沌理论、量子力学、数字信号处理和其他深奥而又广泛的科学来开发市场交易信号的人通常会给我留下深刻的印象。假如你是一名拥有 5 个学位、获得无数大奖，并且开发出用于市场交易的"混沌指标"的混沌学家，试问又有谁不愿意投资你的对冲基金呢？也就是说，到目前为止我仍然没有看到这些指标真正的发挥过作用，相对于实际的交易理念，上面提到的这些观点通常包含了太多的市场因素。

越是简单的事情越是最好的，即使有时候那些最简单的理念在被正式应用之前也要经过彻底的检验。例如，很多人喜欢在市场 4 连阴之后进场，并且在市场连续上扬 4 天之后离场。这两种观点都带有直观的感觉。我们非常清楚市场不会下跌为 0，因此，我们又能遇到多少个连续下跌的交易日呢？同理，市场也不会永远向上涨，否则道琼斯指数早已突破 30000 点大关了。因此，在市场连续上涨 4 大后进行做空交易的观点是合乎情理的。

换句话说，在市场出现 4 连阴的走势以后，很多坚定做多的交易者会因为担忧新一轮熊市的到来而对市场失去信心并准备离场。下面就让我们来看一看真实的情况是怎样的。

4 连阴

- 在标准普尔 500ETF（SPY）连续下跌的第 4 个交易日的收盘时进行买入操作。
- 持有一天后将其卖出。

案例：标准普尔 500ETF（SPY），1999 年 5 月 25 日和 6 月 11 日

我们以标准普尔 500ETF（SPY）在 1999 年春季的走势为例（参见图 17-1）。5 月底公布的消费者价格指数（CPI）显示了高企的通货膨胀率，这也说明了利率平价即将走向终结。1998 年，美联储主席阿兰·格林斯潘正忙于追踪长期资本管理公司（LTCM）的破产事宜，但现在他又不得不面对更加严重的通货膨胀威胁和被迫上调利率的局面。在接下来这 1 年半的时间里，格林斯潘稳步地提高利率，并将这种情况一直维持到了 2001 年 1 月 3 日。

与此同时，一旦市场意识到利率将会上调，就会出现下挫的走势。第一次是出现在 1999 年 5 月 25 日，市场出现了一波 4 连阴的下跌走势。如果我们在第 4 个交易日的收盘时买入标准普尔 500ETF（SPY），然后第二天将其卖出的话，就可以获利 1.11%。第二次出现在 1999 年 6 月 11 日，也就是在此之后的两周半这个时间点上，市场再次走出 4 连阴，如果我们在触发买入信号的 123.86 美元这个价位上买入，并且在第二天的收盘时以 123.99 美元卖出的话，只能够获利 0.10%。

交易结果请参见表 17-1，表中显示的交易准确率为 73%，与之对应的是每笔交易的平均利润 0.66%。

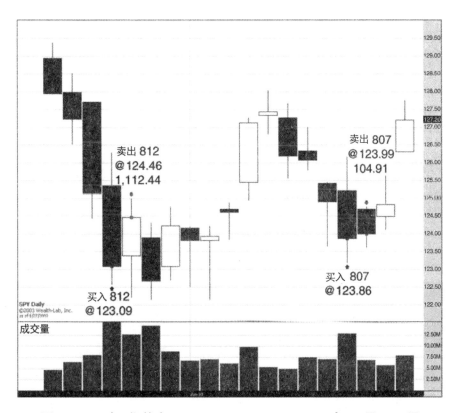

图 17-1 标准普尔 500ETF（SPY），1999 年 5 月—6 月

表 17-1　市场 4 连阴与买入操作——1993 年 6 月 3 日

	全部交易
全部交易	80
平均利润/亏损(%)	0.66%
平均持有天数	1
交易成功的次数	59（73.75%）
平均利润(%)	1.33%
平均持有天数	1
最大连续交易成功次数	15
交易失败的次数	21（26.25%）
平均亏损(%)	-1.23%
平均持有天数	1
最大连续交易亏损次数	2

　　案例：纳指 100ETF（QQQ），1999 年 4 月 24 日—2003 年 6
月 30 日

　　我们使用相同的方法，将纳指 100ETF（QQQ）1999 年 4 月
24 日—2003 年 6 月 30 日的交易结果显示在表 17-2 中，表中显
示的交易准确率为 66%，与之对应的是每笔交易的平均利
润 0.94%。

　　现在的问题是：这种方法是否可以进行反向交易？答案是：
不完全是。

表 17-2　市场 4 连阴与买入操作——纳指 100ETF（QQQ）

	全部交易
全部交易	42
平均利润/亏损(%)	0.94%
平均持有天数	1
交易成功的次数	28（66.67%）
平均利润(%)	3.14%
平均持有天数	1
最大连续交易成功次数	6
交易失败的次数	14（33.33%）
平均亏损(%)	- 3.46%
平均持有天数	1
最大连续交易亏损次数	1

4 连阳与做空（此方法请谨慎使用）

- 在连续上涨的第 4 个交易日的收盘时持有空头头寸。
- 在第二天进行平仓。

我们使用该方法对标准普尔 500ETF（SPY）从 1993 年到 2003 年 6 月 30 日交易的结果请参见表 17-3。从表中我们可以看到，每笔交易的平均利润为 0.06%，而交易的成功率仅为 52%。如果把佣金和下跌的因素考虑进来，等待你的就只有下跌了。即使在熊市当中出现 4 连阴的走势，我们仍然可以再次看到人们通过利用非理性恐慌来让自己获得成功。因此，要想让非理性繁荣得到制约是一件非常困难的事情。

表 17-3 4 连阳与做空

	全部交易
全部交易	148
平均利润/亏损(%)	0.06%
平均持有天数	1
交易成功的次数	78（52.70%）
平均利润(%)	0.66%
平均持有天数	1
最大连续交易成功次数	8
交易失败的次数	70（47.30%）
平均亏损(%)	－ 0.64%
平均持有天数	0.96
最大连续交易亏损次数	8

然而，这并不意味着我们彻底丧失了希望，请看下面介绍的这种方法。

4 连阳与做空 1%

- 当出现 4 连阳的走势，且在第 4 天上涨 2% 的情况下进行做空，或者在收盘时进行做空。
- 当手中的头寸获利 1%，或者在第二天的收盘时进行平仓。

案例：纳指100ETF（QQQ），1999年8月25日

1999 年夏末，纳指 100ETF（QQQ）走出了一波 4 连阳（参见图 17-2），我们正好在这波大牛市运行的中间阶段进行平仓。纳指 100ETF（QQQ）在 8 月 25 日（4 连阳的最后一天）的涨幅为 2.1%。我们在当天收盘的时候做空，并且在第二天以 60.88 美元平仓后可获利 1%。

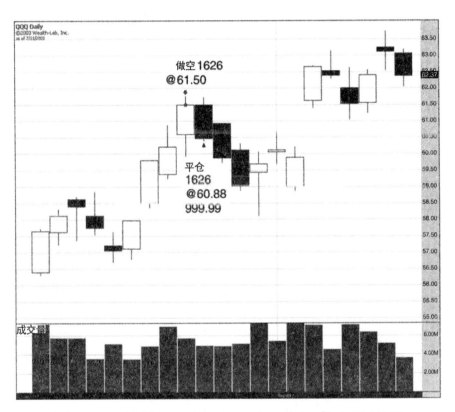

图 17-2　纳指 100ETF（QQQ），1999 年 8 月 25 日

交易结果请参见表 17-4，交易的成功率是 86%，每笔交易对应的平均收益率是 0.92%。这对于单个交易日来说算是不错的成绩了。

表 17-4　4 连阳与做空 1%

	全部交易
全部交易	23
平均利润/亏损(%)	0.92%
平均持有天数	1
交易成功的次数	20（86.96%）
平均利润(%)	1.21%
平均持有天数	1
最大连续交易成功次数	11
交易失败的次数	3（13.04%）
平均亏损(%)	- 1.01%
平均持有天数	1
最大连续交易亏损次数	1

突破 4%

　　每日短线交易者和对冲基金经理对证券的大幅波动进行逆市操作偏爱有加，特别是逆市大幅上扬这种情况。而对于普通的对冲基金经理来说，市场每天中午时分的快速上扬可以算得上是最糟糕的事情了。为什么呢？在那些日子里，我总是能够反复地听到一句话："现在和 1999 年的市场简直太像了。"当时市场一片繁荣景象，所有的股票都在上涨，那些老牌的共同基金赚得盆满钵满。这些共同基金在为数不多的几天时间里所赚到的钱要远远超过对冲基金。那么这些游资下一步将何去何从呢？很显然，它们不仅要做空市场，而且还要给市场中的贪婪情绪降降温。但是在上涨幅度超过 4% 的交易日中使用这种策略，无疑是一个巨大的错误。

问题是，因为在 4% 这个时点上，每个交易者都会想到："它是不可能再创新高的。"所以人们纷纷转投空方，而当证券的价格开始向更高的价位上涨时，每一个做空的交易者都会迫不及待地将手中的空头头寸平仓，市场也会因此而弥漫在恐慌的气氛当中。

运用突破 4% 的方法

- 当纳指 100ETF （QQQ） 超过昨日收盘价的 4% 时买入。
- 在第二天的开盘时卖出。

我们将运用这种方法对纳指 100ETF （QQQ） 从 1999 年 3 月 24 日—2003 年 6 月 30 日进行操作的交易结果显示在表 17-5 中，从中我们可以看到，交易的成功率是 63%，对应的每笔交易的利润是 0.77%。

表 17-5　突破 4%

	全部交易
全部交易	124
平均利润/亏损(%)	0.77%
平均持有天数	1
交易成功的次数	79 (63.71%)
平均利润(%)	2.41%
平均持有天数	1
最大连续交易成功次数	8
交易失败的次数	45 (36.29%)
平均亏损(%)	-2.11%
平均持有天数	1
最大连续交易亏损次数	3

案例：纳指100ETF（QQQ），2002年7月5日

图17-3是2002年7月5日和6日纳指100ETF（QQQ）的30分钟走势柱形图。在7月4日之前，市场一如既往地对有可能在7月4日出现恐怖袭击表现出了恐慌的情绪，每个交易者都在大肆抛售手中的股票。我向三位股票经纪人询问了他们的客户的情况，他们的回答如出一辙，每个人现在都确信会在7月4日发生恐怖袭击，因此他们必须马上撤离股票市场。让我感到困惑的是，如果这些人如此坚信会发生恐怖袭击，那他们为什么偏偏要等到这个时候才采取行动呢？结果，这天什么也没有发生，而那些希望将手中的多头投资组合对冲掉的交易者只能被迫接受做空的现实，除了平仓没有别的选择了。也就是说，他们要为自己的所作所为买单。

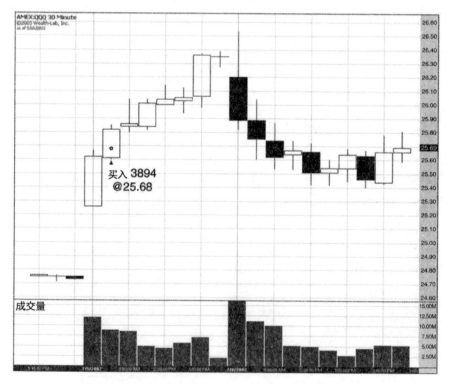

图 17-3　纳指100ETF（QQQ），2002年7月5日和7月6日

7 月 5 日上午 10 点 15 分，我们已经实现了 4% 的目标，而纳指 100ETF（QQQ）7 月 3 日报收于 24.75 美元。在 10 点 15 分的时候，我们使用的这种方法触发了高于昨日收盘价 4% 的买入信号，我们随后在第二天的开盘时以 26.20 美元卖出，获利 1.79%。

突破 4% 方法的变体

我们对上面提到的方法进行了略微的改进：

- 当纳指 100ETF（QQQ）高于昨日收盘价 4%，且昨日收盘价的下跌幅度超过 2% 时买入。
- 在第二天开盘的时候卖出。

交易结果请参见表 17-6，交易的准确率为 75%，每笔交易的平均利润为 1.86%，这一数据还是不错的。

表 17-6　突破 4% 方法的变体

	全部交易
全部交易	33
平均利润/亏损(%)	1.86%
平均持有天数	1
交易成功的次数	25（75.76%）
平均利润(%)	3.31%
平均持有天数	1
最大连续交易成功次数	5
交易失败的次数	8（24.24%）
平均亏损(%)	－2.68%
平均持有天数	1
最大连续交易亏损次数	2

结 论

突破 4% 这种方法是均值回归原理获得为数不多的几次认可当中的一次。现在有太多的人试图进行逆市操作，而这样做的结果反而证明了趋势的不可逆性。

例如，我们用这种方法操作南海公司（The South Sea Company）的股票，具体内容请参见第 20 章中的《郁金香效应》（*Famous First Bubbles*）。

第18章　星期三反转

有一句谚语这样写道："盲目的投资通常出现在每个星期的开始，而聪明的投资则出现在每个星期的最后。"这句话的意思是说在星期三出现的反转走势具有统计学上的显著性。

在价差扩大的星期三发生周中反转

股价的惯性在市场上涨/下跌的趋势中都不会持续太长的时间。为此我们可以找出各种各样的理由，但是最根本的一个理由就是人们在这个过程中很容易感到精疲力竭。假设一只股票出现了连续 10 天不间断的抛售，如果真是这样的话，对于我们来说简直就是世界末日。也许这个时候最明智的选择就是继续大规模地抛售。可问题是：还有谁来继续做空呢？那些在最后时刻还持有股票的人就是这只股票的坚定持有者，他们会在该股小幅回调以后加码买入。

一般情况下，股票在每周的开始阶段都是根据其股价的惯性向某一方向发展的。然而，这种惯性在每周开始的时候越强，其在随后的走势中出现反转的可能性也就越大。在每周三这个一周的中间点上，是非常有可能出现反转走势的。

方法

- 当星期二的最低点比周一的最高点低5%时（股价区间扩大的情况）买入纳指100ETF（QQQ），或者是在星期二的最低点低于星期一的最低点时买入，或者在星期三开盘的时候买入。

- 在两个连续上涨的交易日收盘的时候卖出，或者在第二天的收盘时卖出。

需要注意的是，买入的条件并不是指星期二当天必须是下跌的。很有可能在星期二的盘中就会出现抛售，并随之出现反转的情况。

案例：纳指100ETF（QQQ），2001年5月24日

2001年5月22日星期一，QQQ当天的最高价是82.25美元，最低点是75.58美元。而星期二的最低点是74.25美元，较周一下跌了10%以上。我们在5月24日星期三的开盘时以75美元的价格买入（参见图18-1），然后持有到第二个连续上涨的交易日（6月2日）的收盘，然后以93.62美元的价格卖出，可获利24%。

为什么非要等到出现连续两天上涨的交易日的第二天收盘呢？在每个星期的开始阶段如果出现股价区间扩大这种情况之后，卖盘就会被消耗掉。通常情况下，如果星期一的下跌处于合理的范围之内，那么星期二的情况就会因为为了满足追加保证金的要求而变得更加糟糕。此时人们会因为这种恐慌的情绪将会在本周内持续蔓延而变得非常紧张，所以人们会试图在这一切发生之前自保。随着股价区间的不断扩大，抛售通常都是大规模的。

当人们意识到最坏的时刻还没有结束的时候（第一个出现上涨的
交易日，通常都是星期三），他们会重新进场，进而导致了连续
上涨的出现。

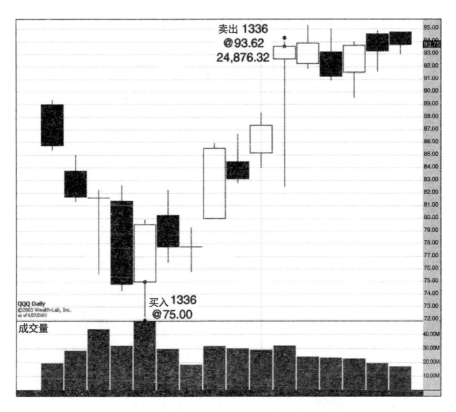

图 18-1　纳指 100ETF（QQQ），2001 年 5 月 24 日

案例：纳指 100ETF（QQQ），2002 年 10 月 30 日

2002 年 10 月 28 日星期一，纳指 100ETF（QQQ）的最高价
是 25.04 美元，最低价是 24.17 美元。市场从 10 月 9 日这天开始
出现了强势的反弹，而大多数人都对此产生了质疑。然而，当人
们在一周之后重新思考这个问题的时候，他们就会降低买入量。

市场在星期二的时候继续处于抛售之中，当天的最低价是 23.37 美元。尽管星期二当天是下跌走势，但是收盘价报收 23.92 美元。有意思的是，这个收盘价要比当天的最低价略高出 3%。我们在 10 月 30 日星期三早上出现的跳空缺口以 24.06 美元买入（参见图 18-2），也许当股价在盘中下滑到 23.85 美元的时候会让你产生某种不安，但是其在收盘的时候报收 24.56 美元，较我们当天的买入价略高 2%。最终，第二个连续上涨的交易日出现在了一周以后，也就是 11 月 4 日，当我们以 25.9 美元的价格卖出之后，可获利 7.64%。

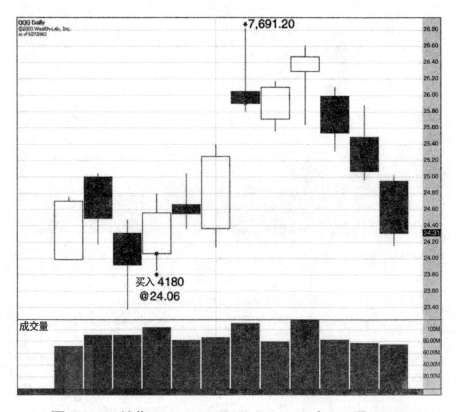

图 18-2　纳指 100ETF（QQQ），2002 年 10 月 30 日

结果

表 18-1 显示了从 1999 年 3 月 24 日到 2003 年 6 月 30 日期间纳指 100ETF（QQQ）的交易结果。从表中我们可以看到，交易的成功率是 70%，每笔交易的平均利润是 3.20%。

表 18-1　星期三反转

	全部交易
全部交易	52
平均利润/亏损(%)	3.20%
平均持有天数	3.77
交易成功的次数	36（69.23%）
平均利润(%)	6.05%
平均持有天数	2.5
最大连续交易成功次数	6
交易失败的次数	16（30.77%）
平均亏损(%)	－ 3.21%
平均持有天数	6.63
最大连续交易亏损次数	2

运用股价区间扩大的方法（星期三之外的情况）

"星期三"这个条件是必须的吗？如果我们使用同样的方法，不同的只是将股价区间扩大出现的时间不再局限于星期一和星期二之间的话，交易结果请参见表 18-2。

表 18-2　股价区间扩大（星期三之外的情况）

	全部交易
全部交易	80
平均利润/亏损(%)	0.90%
平均持有天数	5.09
交易成功的次数	48（60.00%）
平均利润(%)	4.49%
平均持有天数	3.6
最大连续交易成功次数	9
交易失败的次数	32（40.00%）
平均亏损(%)	－4.50%
平均持有天数	7.31
最大连续交易亏损次数	2

很明显，这是一种操作性很强的方法，它的成功率达到了60%，每笔交易的平均利润是 0.90%。然而，我们看到在持有天数一栏中显示的是 5.09 天，这个数字要比使用"星期三"这种方法中的持有天数 3.77 长；每天的利润之比也不如"星期三"这种方法，0.17% VS 0.84%。通常情况下，我的每日预期收益率为 0.40，而当把佣金和下跌这两种因素考虑进来的时候，我发现某些操作性很强的方法的收益率比 0.40 还要低。

如果我们考虑另外一种情况（将其加入星期三反转这种方法中），即股价在星期二是下跌的，那么我就会在出现星期二下跌的情况下使用这种方法，而且会取得更好的结果。在星期二下跌的这种情况下，我们在 44 次交易的过程中有 33 次获得了成功，每笔交易的平均利润是 3.40%。作为一种改进，这种情况还不足以成为必备的条件。

价差扩大的周中反转方法在股票中的应用

价差扩大这种方法同样适用于股票交易。我们首先把如何对价差扩大进行定义这件事情抛开，然后引入股票的真实波动幅度均值这一概念。股票的真实波动幅度均值这一概念是由威尔斯·韦尔德（Welles Wilder）在其 1978 年出版的著作《技术交易系统新概念》（*New Concepts in Technical Trading Systems*）中进行定义的。具体内容如下：

- 当前的高点低于当前的低点。
- 绝对值：当前的高点低于前一交易日的收盘价。
- 绝对值：当前的低点低于前一交易日的收盘价。

在价差比较大的交易日中，我们通常会使用第一种交易方法；当某一交易日出现向上的跳空缺口时，我们就会使用第二种方法；如果某一交易日出现向下的跳空缺口时，我们则使用第三种方法。真实波动幅度均值（ATR）是一定时期内的真实波动幅度的平均值。我们通常用 ATR 表示 10 日这一时间段。

方法

- 当股票星期二的低点（1.5 乘以过去 10 个交易日的 ATR 值）位于星期一的高点（价差高于平均价差 50%）之下的时候买入股票，或者当星期二的低点低于星期一的低点时买入，或者在星期三的开盘时买入。
- 在第二个连续上涨的交易日的收盘时卖出股票。

案例：PIXR（动画影片生产商），2002年7月24日

PIXR 的股价在 2002 年 7 月的走势可谓是惨不忍睹。在从上一周的星期三到星期五走出了一波 3 连阴后，该股在 7 月 22 日触及了 41.92 美元的新高，并报收于 40 美元，但是其在周二的低点是 39.17 美元，这两个交易日之间形成了 7% 的价差。该股在周三（7 月 24 日）触发了 39.11 美元的买入信号（参见图 18-3）。周三和周四两天都是上涨的。我们使用该方法在周四的收盘时以 41.88 美元卖出离场后，可获利 9.47%。

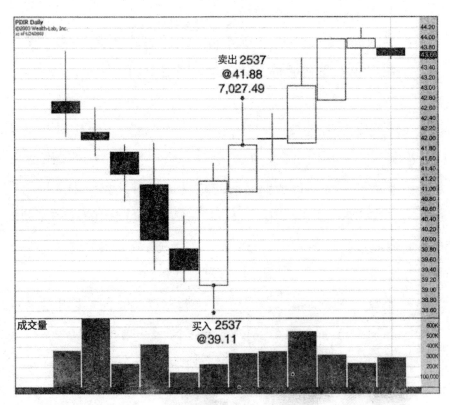

图 18-3　PIXR，2002 年 7 月 24 日

案例：USAI，2003 年 2 月 5 日

2003 年 2 月 3 日星期一，USAI 从当日的高点 22.58 美元一路下跌，报收 21.88 美元，距离其当日的低点仅一步之遥。第二天该股跳空下跌，跌幅进一步扩大，并触及 20.73 美元的低点，最终报收于20.99 美元。在 2 月 5 日星期三，我们运用这种方法在开盘时以 21.68美元买入（参见图 18-4）。请注意，尽管该股在周三从开盘就开始下跌，但是其当天的走势却是上涨的，并报收于 21.34 美元。因此，我们将这一天定为上涨的一天，周四该股继续上扬，我们在第二个上涨的交易日以 23.21 美元的价格卖出，获利 7%。

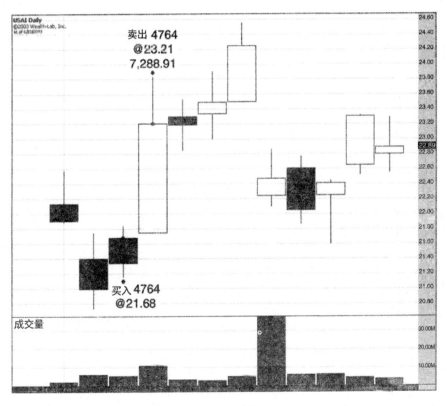

图 18-4　USAI，2003 年 2 月 5 日

结果

我们在 1998 年 6 月 30 日到 2003 年 6 月 30 日期间对纳斯达克 100 指数成分股进行交易，其中包括了在这期间被剔除出纳斯达克 100 指数成分股的股票。交易结果请参见表 18-3。

表 18-3　星期三反转方法在纳斯达克 100 指数成分股交易中的应用

	全部交易
全部交易	5,802
平均利润/亏损(%)	2.59%
平均持有天数	5.04
交易成功的次数	3886（66.98%）
平均利润(%)	7.87%
平均持有天数	3.28
最大连续交易成功次数	42
交易失败的次数	1916（33.02%）
平均亏损(%)	－8.31%
平均持有天数	8.51
最大连续交易亏损次数	16

模拟

图 18-5 对每笔交易使用全部资金的 2% 这种情况进行了模拟。我希望从图中发现有多少个星期是处于赢利状态的。最上面的柱形图代表赢利的星期，下面的柱形图则代表没有赢利的星期。在全部 260 个星期里，有 175 个星期是赢利的，与此对应的每周平均收益率是 0.76%，标准差是 3.07。

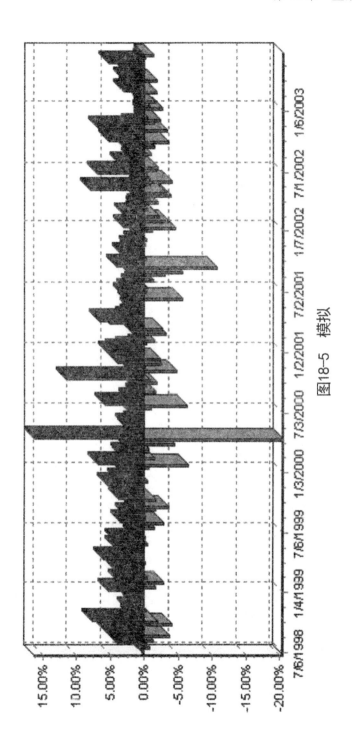

图18-5　模拟

做空价差扩大的星期三反转

纵观本书，不论是在牛市还是在熊市中，做空交易并不能称之为成功的策略。很多空头基金由于遇到了 2001 年 1 月 3 日出现的市场大幅上涨，以及第一次降息，导致了收益率为负。如果在市场中出现了 5% 的移动幅度，那么对于空头基金来说无疑会产生灾难性的后果，其出现亏损的风险将是非常大的。然而，当人们被一周刚刚开始的几天搞得头晕眼花的时候，市场便会出现小幅的反弹，所以在周三出现反转走势的概率是非常大的。

做空星期三法则

- 当周二的收盘价比上周五的收盘价高 1%，或者周三的开盘价比周二的收盘价高的时候进行做空交易，或者在周三开盘时做空。

- 在连续第二个下跌交易日的收盘时平仓。

案例：纳指100ETF（QQQ），2001年3月7日

2001 年 3 月 2 日星期五，纳指 100ETF（QQQ）报收于 46.70 美元，在接下来的两个交易日中，其股价都出现了跳空高开的情况，但是其收盘价与当日的开盘价距离很近。周二报收于 49.40 美元，要比上周五的收盘价高 5.7%，而在随后出现的跳空缺口中，这一比例又有所上升。在 3 月 7 日星期三的早上（参见图 18-6），纳指 100ETF（QQQ）以 50.40 美元的全天最高价开盘。我们在其连续第二个下跌的交易日进行做空，然后在周五的收盘时以 45.10 美元的价格平仓，获利 10.52%。请注意，尽管周三

从开盘就开始下跌，但是相对于其周二 49.40 美元的收盘价来说，当天是上涨的。虽然其 49.42 美元的收盘价只比周二 49.40 美元的收盘价高 2 美分，但是这对于我们所使用的方法来说，已经算得上是非常不错的收益了。

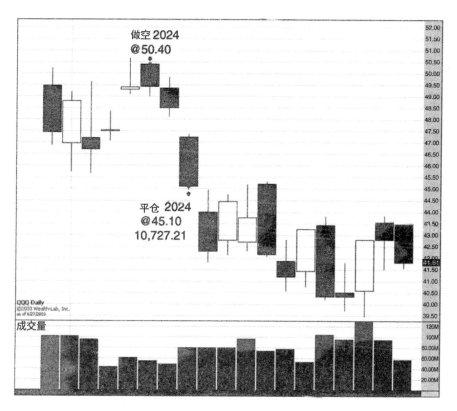

图 18-6　纳指 100ETF（QQQ），2001 年 3 月 7 日

案例：纳指 100ETF（QQQ），2002 年 11 月 6 日

正如我们在前面的案例中所看到的那样，2002 年 10 月 30 日星期三，触发了价差扩大的星期三反转法则。尽管我们使用该方法在周二的收盘时通过卖出纳指 100ETF（QQQ）获得了不错的收

益，但是市场却走出了一波 3 连阳。纳指 100ETF（QQQ）于 2002
年 11 月 1 日周五报收 25.25 美元，此后又连续上涨了两天，并且
在 11 月 5 日周二报收于 26.10 美元，又上涨了几个百分点。

　　周三，纳指 100ETF（QQQ）跳空高开于 26.29 美元，此后
股价继续上扬，尽管盘中触及了 25.64 美元的低点，但最终收于
26.47 美元。周三的小幅回调似乎为后面两个交易日的下跌做好
了铺垫，市场连续跳空低开，我们在周五的收盘时以 25.07 美元
的价格平仓，获利 4.64%（参见图 18-7）。

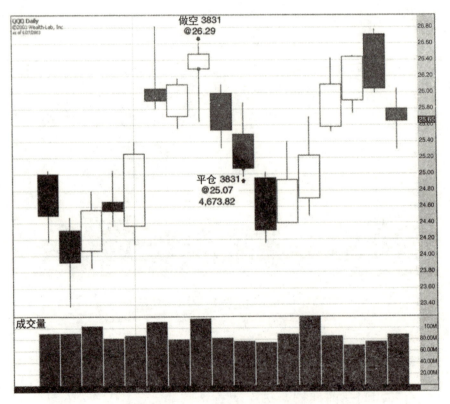

图 18-7　纳指 100ETF（QQQ），2002 年 11 月 6 日

结果

我们在 1999 年 3 月 24 日到 2003 年 6 月 30 日期间，对纳指 100ETF（QQQ）在星期三进行的做空交易的结果请参见表 18-4。表中显示了每笔交易的平均利润是 1.87%，且成功率达到了 2/3。

表 18-4 　在周三做空纳指 100ETF（QQQ）

	全部交易
全部交易	33
平均利润/亏损（%）	1.87%
平均持有天数	5.21
交易成功的次数	22（66.67%）
平均利润（%）	4.66%
平均持有天数	2.64
最大连续交易成功次数	6
交易失败的次数	11（33.33%）
平均亏损（%）	－3.72%
平均持有天数	10.36
最大连续交易亏损次数	3

周二的收盘价比上周五的收盘价越高，我们的这种方法就越有效。例如，假如我们把周二的收盘价高于上周五的收盘价 1% 这种情况暂时忽略，转而以 2% 这个数值进行替代，则交易的结果请参见表 18-5。我们可以看到，交易的成功率上升到了 72%，每笔交易的平均利润也提高到 2.04%。

如果我们把交易的标的日期由星期三变成星期二，这种方法同样有效。交易结果请参见表 18-6。我们看到，成功率仍然非常高，但是每笔交易的利润却有较大程度的下降。

表 18-5　在周三做空纳指 100ETF（QQQ）——变体

	全部交易
全部交易	25
平均利润/亏损(%)	2.04%
平均持有天数	4.12
交易成功的次数	18（72.00%）
平均利润(%)	4.35%
平均持有天数	2.39
最大连续交易成功次数	9
交易失败的次数	7（28.00%）
平均亏损(%)	-3.90%
平均持有天数	8.57
最大连续交易亏损次数	2

表 18-6　在周三做空纳指 100ETF（QQQ）——变体

	全部交易
全部交易	80
平均利润/亏损(%)	0.89%
平均持有天数	5.22
交易成功的次数	53（66.25%）
平均利润(%)	3.53%
平均持有天数	3.74
最大连续交易成功次数	10
交易失败的次数	27（33.75%）
平均亏损(%)	-4.28%
平均持有天数	8.15
最大连续交易亏损次数	3

结　论

实际上，并不是只有在星期三的时候才能够进行反向交易。但是可以肯定的是，星期三绝对是可以让我们最大限度地发挥直觉因素的交易日。股价的惯性是不可能持续一周时间的，所以周中就是这种惯性发生变化的最佳时点。

对各种"星期三法则"的变体进行检验是一件非常有价值的事情。请看下面给出的在星期三出现的各种趋势衰竭类型的案例：

当纳指 100ETF（QQQ）跳空高开的缺口在 0.5%~1.5% 之间的时候进行做空，或者当日的开盘价低于昨日的开盘价的时候进行做空，最重要的一点就是这天必须是星期三。

当获利 0.5% 的时候进行平仓，或者在未能实现赢利的情况下在当日的收盘时进行平仓。

换句话说，虽然我们获得了一个比较大的跳空缺口，但是除了缺口的大小因素以外，市场并没有显示出比昨天交易日开盘价更高的开盘价。我们对此进行的 17 次交易全部获得了成功，每笔交易的平均利润是 0.5%。

星期二的晚上对于我们来说要么是世界末日，要么就是下一个超级大牛市的开始，由此你可以确定星期三通常会让人处于尴尬的境地，而这种情绪也会在本周余下的时间里持续蔓延。只要我们能够耐心地等待时机，并且在一周的开始阶段对任何一种趋势进行逆势交易，那么我们就可以在本周余下的时间里获得不菲的收益。

第 19 章　无效的因素

　　我猜测大多数阅读本书的读者也一定阅读过其他有关介绍各种"跑赢市场"的方法和技术的投资类书籍。在本书的第 20 章中，我将有选择地向大家推荐一些我非常喜欢的书籍。每个人都有一套可以自圆其说的操作风格和操作方法。就我个人而言，了解任何一个领域的历史、科技和艺术可以让你成为该领域中那 1% 的高手。

　　在博比·菲舍尔（Bobby Fischer）13 岁那年，他就已经显示出了在国际象棋方面的过人天赋，但是并没有人认为他能够成为日后的世界冠军，或者是最伟大的棋手。当时，博比·菲舍尔从人们的视线中消失了大约 1 年左右的时间，他利用这段时间对称霸 19 世纪最后 20 年的国际象棋世界冠军威廉·斯坦尼茨（Wilhelm Steinitz）进行了仔细的研究。为什么菲舍尔要这么做呢？因为这种运动在技术层面上已经有些过时了。即使是在菲舍尔还是一个十几岁孩子的 20 世纪 50 年代，斯坦尼茨在开局阶段的战法也已经不再适用于现代的比赛了。然而，通过对这些比赛的研究，他找到了之前对棋局进行注解的人没有注意到的缺陷，菲舍尔随后对这些技术方法进行了研究，从而在一定程度上提升了他的国际象棋水平，并让他在 15 岁那年一举成为最年轻的全美冠军以及最年轻的国际象棋大师。此外，他还自学了俄语，这使得他能够阅读像《64》这种对俄罗斯国际象棋大师最新开局战法进行分析的杂志。菲舍尔把对国际象棋的历史进行的科学研究应用到当今的国际象棋技术中，从而让他能够从 15 岁开始就成了这项运动的执牛耳者，很多选手直到今天都还未能达到菲舍尔的水平。以上就是我为大家简短介绍的一位大师的故事。

国际象棋是一项体育运动，在这个特殊的运动项目中取得好成绩似乎与金钱没有什么太大的关系。通常来说，当小孩子长大成人时，他们对游戏的热情就会消退，继而被其他方面的热情取而代之。当你需要谋生、养家糊口、为自己的客户赚钱时，你就需要自由地竞争。全世界每天有无数的投资者试图从你的身上赚取利润。我们姑且不去争论它是不是一个零和游戏（zero-sum game），但是如果你输钱而你的竞争对手挣钱，这显然对他们来说是一件好事儿。如果你被彻底地打败，我想其他人的感觉肯定是非常不错的。有些人便会借机后来居上，取代你的位置。每天都有投资者被扫地出门。雅虎的留言板上到处都是这些人的信息。与荣登诺贝尔奖殿堂的人们一样，那些在其他领域中取得成功的人们如今也都将注意力转移到了投资领域，并试图发现正在远离他们而去的成功。

我在书中介绍的都是一些我在为自己和客户赢利的过程中使用的，并且将会一直使用下去的技术方法。我希望人们能够将理论与实践相结合，对自己的以及我介绍的这些技术方法进行检验。就我个人而言，我非常坚信这些方法是能够经得住检验的。换句话说，我认为人们寻找到属于自己的理念并且认识到那些无效的因素是非常重要的。随着一个详细的、对我已经进行过检验的技术和形态进行编目的数据库的建立，我还记录下了那些无效的形态和理念。具体情况请参见以下的内容。

直觉

"我感觉市场好像要开始下跌了。"也许对于初级交易者来说最棒的感觉就是当他感觉市场将会出现上涨而买入股票之后，市场就像附着了不可思议的魔力那样真的开始上涨了。请注意我提到的"初级交易者"这一概念。根据感觉而产生的技术方法是完全无效的。这种方法不会对任何人起作用。曾经靠这种方法而闻名的最杰出的盯市者杰西·利弗莫尔（Jesse Livermore）最终因为破产而饮弹自尽。当然，你可以运用这种方法在 10 次交易中成功 9 次，但是那唯一的一次失败就可以让你满盘皆输——你将失去一切。你之所以成不了专业的投资人，是因为你只会浪费大把的时间在你的经纪人身上，然后还在不断地自问那位经纪人是否只是凭借直觉进行交易。我个人对经纪人并没有任何异议，但是埃德温·拉斐尔（Edwin Lefevre）在其 20 世纪 90 年代初期的著作 *The Making of a Stock Broker*（Fraser，1999 年重印）中将这些内容进行了总结。切记，不要只依靠自己或者他人的直觉而盲目交易。

确认

在本书提到的众多技术分析方法中，你可能会在股票或者市场下跌的过程中进行买入操作，或者当它们上涨的时候进行做空/卖出操作。换句话说，就是低买高卖。它们还能跌得再狠一点儿吗？当然可以，实际上，它们在大多数的时间里都是这种走势。其他的很多书籍建议使用另外一种方法：为什么不等股票触底并准备反弹的时候再买入呢？唉！我怎么就没想到这一点呢！

例如，假设一只股票跳空低开并跌破昨日的低点。那为什么不等到该股触底反弹并收复昨日的低点时再买入呢？不仅仅是这些，你还可以等到其股价收复并高于昨日的低点 1~2 个档位的时候再买入。根据其他很多位作者的观点，当这种情况出现以后，我们便可以将其确认为真正的上涨走势。在我个人对这个特别的，或者与其类似的观点进行检验的时候，我并没有发现这种所谓的"确认"。在大多数情况下，你越是逢高买入，你越能赚得盆满钵满（或者出现巨额亏损）。

我并没有对必须要等到确认以后的这种技术方法表现出无视的态度。与"买入走下坡路的资产"相比，你更需要保持冷静的心态。然而，根据合理的检验和研究，你可以更好地确定买入的时机，从而获得更好的结果，而不是在市场或股票已经反弹了若干个百分点之后才开始行动。我对很多杰出的投资类书籍中提到的曾经获得成功的技术分析方法也坚信不疑。但是自从 20 世纪90 年代以后，市场的参与者大幅增加。对冲基金的数量也从平均资产 500 万美元的 100 家上升到平均资产 1 亿美元的 5000 家，每只对冲基金里面由几百个每日短线交易者组成的交易商店遍布全国。更多的人坐在家中进行着当天买卖的交易，而这些人可不会给你等待确认的机会。

登录 www.RealMoney.com 网站，优秀的专栏作家 Rev Shark

已经提出了很棒的主意。优秀的资金管理可能会使你从那些没有被彻底进行研究的方法中减少失败的痛苦。例如，很多技术分析方法需要一定程度的主观性来确认市场中出现的形态。运用一种能够控制损失的方法是非常重要的，特别是当某一计划的一部分使用的是没有得到严谨的研究支持的技术分析方法时，我们更需要这样一种方法。

蜡烛图形态

我非常喜欢史蒂夫·尼森（Steve Nison）对日本蜡烛图进行研究的书籍。我向任何对这种基础的市场形态有研究兴趣的朋友强烈推荐这些图书。我认为这些技术方法多年以来对市场的分析是非常有效的，但是它们已经不能够再继续发挥作用了。如果它们真的能够发挥作用的话，就不会有如此多的人会预料到蜡烛图形态的效果，然后试图通过与最终形成的特殊图形做出的预测相反的方法进行交易了。也就是说，要想通过没有价值的方法对市场有一个深入的了解，就要亲自对每一根阴阳线进行检验。

周期性

由耶尔（Yale）和杰夫里·赫斯克（Jeffrey Hirsch）合著的《股票交易者年鉴》（*The Stock Trader's Almanac*）是我最喜欢的图书之一。该书每年都会再版一次，里面包含了很多新信息、新报价，以及一年中市场对不同事件的反应等内容。如果你能够抢在别人之前将周期形态确认的话，那么这种周期性就会发挥作用。然而，我认为这几乎是不可能的。如果有些人能够意识到市场在每年的阵亡将士纪念日（Memorial Day）之前会出现上涨，而随后每一个人都意识到了这一点的话，那么市场又将会出现什么情况呢？运用周期性方法是根本行不通的——因为太多的人使用了这种方法。最典型的例子当数元月效应（January effect）。当人们意识到元月效应的真实性时（根据过去80年的经验，市场都会在这个时间上涨），他们就在12月份提前买入股票。实际上，这俨然成了12月效应。在最近几年的10月份市场都出现了大幅的上扬，因此现在又出现了10月效应这一概念。也许等到这本书出版之后，又会出现9月效应，这种事儿谁又能说得清楚呢？另外一个基于周期理念的观点认为：在5月份卖出，然后离场。那好，截止到现在，任何一个按照该策略进行交易的人都将会错过本年度大多数股票都会100%出现上涨的时机。

低市盈率（P/E），高市盈率（P/E）

当我提到我没有轻视基本面的时候，请大家相信我。如果你是一位坚持买入并持有策略的投资者，那么对于你来说最好的策略就是去寻找处于成长期（这是问题的关键）但是被低估的公司，然后买入该公司的股票，并且用2~3年的时间来观察这家公司。的确，通过这种致富的方法可以让你在某种程度上发现下一个微软公司（Microsoft）或者伯克希尔哈撒韦公司（Berkshire Hathaway），并且让你体验一把直冲云霄的感觉。就像我举的这个比较滑稽的例子一样（我可没说到底怎么操作），有些人确实这样做了，并且最终在多次的尝试之后一举成了百万富翁。

在 2003 年伯克希尔哈撒韦公司的年度会议上，我遇到了一个人，他在 1976 年的时候以 70 美元/股的价格购买了 200 股伯克希尔公司的股票。他告诉我，一年以后这只股票的价格翻了一番，于是他卖出了手中一半的股份。这可是一笔伟大的交易——股票在 1 年之内涨了 100%。现在他手中剩下的那 100 股股票价值 750 万美元。我问他为什么会在最开始的时候买入公司的股票，他回答说他知道沃伦·巴菲特（Warren Buffett）的对冲基金做得非常成功。他对保险公司青睐有加，因此决定赌一把。事实就是这样，没有什么特别的。这个人是幸运的吗？没错，那是肯定的。他的故事告诉了我们什么才是真正的买入并持有策略。

那么这件事情和市盈率（P/E）又有什么关系呢？答案是：没有任何关系。当我们用市盈率来估值一家公司的时候，它实际上起不到任何作用。我强烈建议大家去查阅由肯·费舍尔（Ken Fisher）在《福布斯》杂志上主笔的"市盈率神话"专栏，以此来获得更多的关于这一话题的信息。我们还可以通过登录网站 www.forbes.com/global/2002/1111/074asia.html 获取相关信息。

世通公司（WCOM）在其因为高达数十亿美元的腐败丑闻曝光而导致提出破产申请保护的时候，其市盈率只有个位数。很多深度价值投资者在那时纷纷撰文，他们认为买进低市盈率的世通公司的股票是一笔伟大的投资。很多高市盈率公司的股票在经历了最近的熊市行情之后，其营利性和股票价格仍然非常坚挺，eBay 公司就是最典型的例子之一。它通过建立市场中性的投资组合，做多低市盈率的股票，并且做空高市盈率的股票。因为这种做法能够快速导致个人的破产，所以我并不建议大家将其作为一种投资的技巧。假设这种玩儿法真的那么容易操作的话，我们每个人早就成为富翁了。

我们是否能用公司未来的现金流对公司进行估值呢？是的，我敢肯定。请你不要根据那个过时的市盈率（P/E）来决定公司的未来现金流。相反，你要利用人口统计的知识来判断消费者都来自哪些不同的行业。沃伦·巴菲特之所以不会购买奶品皇后（Dairy Queen）、房地产公司、便利商店等公司的股票，是因为它们的价格超过了自身的现金流，由于美国正在不断增加下层的中产阶级，所以不论经济状况如何，这些公司的客户群都会上升。例如生产肉毒杆菌的爱力根（Allergan）公司，其股票今年就没有上涨，抛开经济的因素，由于他们公司新客户的目标人口统计（年龄在45~55岁之间的妇女）每年以100万人的速度增长，因此他们的现金流（尽管公司希望现金流能够增加）出了问题。

互联网行业真的有泡沫吗？在对互联网公司股票的需求达到极限的情况下，投资银行却仍然供应大量的股票，从而导致了IPO泡沫的产生。但实际情况是全球互联网的商业用户数量在短短5年的时间里从0上升到了300，而像eBay、Yahoo! 等公司却仍然持续地赢利。

除了上面提到的仍然处于初始阶段的趋势以外，我还感到现在的科技已经有向印度、马来西亚，甚至中国外包的趋势。与美国不同的是，这些国家的人口出生率非常高，他们要保障从20~40岁的人口数量能够以适当的比例支撑那些70岁以上的人口。那么谁是赢家？谁又是输家呢？能够解决这个难题的，绝不是靠搜索像Yahoo! 这样的低市盈率公司就能解决的。因为你是不可能运用这种方法赢利的。

买/卖期权

人们之所以会买入期权，是因为他们需要对自己的买入行为进行杠杆作用。而人们卖出期权是因为他们需要收入。这两种做法你一样都不要碰。如果你能够持续地挑选出成功的股票，那么你就不需要借助使用杠杆那神奇的复利效应。通过出售无担保承购期权或者备兑认购期权获得收入的观点实际上非常复杂，这远不如能够让你坚信不疑的畅销书作家所产生的效应。我们经常会听到90%的期权到头来都是没有价值的谎言，因此你每天都要在其价格变为0之前落袋为安。请你理智一点，将这些没有经过检验和研究的努力全部停止。复杂的套利策略对期权会发挥作用，但是对于初学者来说一点作用也没有。

结 论

现在，你已经从我这里获得了不少的负面信息。我个人认为，如果你在广阔的投资世界里遵循适当的法则和资金管理原则，很多的投资方法都是可以为你所用的。我们不缺少游戏的参与者，每个人都有自己独特的交易策略：采用买入并持有的共同基金、追踪趋势策略的对冲基金、为市场提供流动性的卖空者等等。如果你的交易方法经过检验并且能够发挥作用的话，那么市场上就不会出现作为你的对手交易的市场参与者了。

第 20 章　阅读书目

对于任何体育运动、科学、艺术和比赛来说（可以说交易和投资包括了以上四个领域所需的全部因素），要想达到最高的水平并取得成功，都需要我们付出很多年的艰辛和努力。在投资领域中，回报是丰厚的，但竞争是激烈的。你必须意识到每天对它的关注不能少于 12 个小时，并且将这种状态保持若干年，这样你才能够获得应有的回报。

我们对如何精通某一领域的论述已经很多了。很显然，天赋是非常重要的因素之一，或许也可能是最不重要的因素之一。那些在某一领域取得成功的人士通常会把他们的成功归结为各种各样的原因：

不断的练习

迈克尔·乔丹（Michael Jordan）曾经一度被其所就读的高中的篮球队拒之门外，然而从那时起，他开始每天练习投篮，一直到他如愿进入篮球队为止。前国际象棋世界冠军阿那托利·卡尔波夫（Anatoly Karpov），他在成为国际象棋特级大师之前，每天都要花上 8 个小时的时间研究各种棋局，而且一坚持就是 8 年。

彻底地研究你所在行业的历史

每一位伟大的艺术家都会把研究 1000 年以前的艺术大师们的经典作品作为自己的必修课。每一位伟大的国际象棋大师都可以把 19 世纪中叶著名的国际象棋大师保罗·摩菲（Paul Morphy）的棋局熟记于胸。在投资领域，熟悉这一领域的历史发展历程，认真研究市场多年以来的沉浮，阅读过去几十年中那些伟大的投资家们的个人传记，所有的这些知识可以让你在当今的市场环境中立于不败之地。在任何的风险面前，仔细研究那些强于你的投资大师们是非常关键的。我坚信唯一能够发展、检验，并形成你自己的观点和理念的捷径就是在其他人之前达到你所在领域的金字塔的顶端。

总结失败的能力

我认为无法赢得比赛的人是指那些在比赛中途就退出的人。机构咨询服务集团（IASG）在其官网 http：//ias. pertrac2000. com 对所有的顶级商品交易顾问（commodity trading advisors，CTAs）进行了追踪。我偶尔也会登录这个网站看看这个行业的竞争情况。有一次我无意中发现了一家基金，其第一年的业务下降了 22%，而第二年仅仅增长了 3%。我无法想象这些人要经受什么样的痛苦。但是 18 年以后，这家名为 Dunn Capital 的公司已经成了数据库方面最大的商品交易顾问之一，其资产超过 10 亿美元，年收益率达到 20%。此外，那些忍受着失败的痛苦并坚持自己的方法，为自己和他们的客户获得巨大成功的对冲基金经理们奋斗的例子简直不胜枚举。

正如前面所说的那样，我接下来会向大家提供一些在本书写作过程中所用到的图书目录，我认为这些书目可以让你和我走上通往成功的道路。这些书目中有些是关于投资的；而其他的图书则与这一主题关系不大，可能不太符合大家的需求。但是我在进行介绍的过程中会把它们为什么对我在投资方面有所帮助的原因告诉大家，同时你也可以借此机会找到最适合自己的那本书。

《华尔街赌局》(*Practical Speculation*) 与 《投机客养成教育》(*Education of a Speculalor*)

我对维克多·尼德霍夫（Victor Niederhoffer）所著的这两本书的喜爱之情简直无法用语言来形容。你什么时候才能从一位在过去的 40 年中精通各种类型投资的大师那里获得投资建议呢？这个人当然就是维克多·尼德霍夫，他不但在这几十年里获得 10 次世界壁球比赛的冠军，而且还在投资领域获得了巨大的成功，而我则有幸从他身上学到了投资的技巧。他的身份包括研究员、场内交易者、索罗斯的御用操盘手、对冲基金经理，而且还拥有一家从事并购业务的公司将近 20 年。除此之外，他还是证券市场中知名的作家，每周他都要为 MSN 写文章，他随时都会提出新的问题并且对新的观点进行检验。

这些书中提到的最为重要的一个概念就是检验一切，这可不是一件轻松的事儿。而各种媒体通常只是会做一些笼统的概括：

- 当市盈率（P/E）太高时，市场就会下跌。
- 股票 XYZ 已经站上了 200 日移动平均线，大牛市来了。
- 市场已经形成了头—肩形态，离熊市不远了。

我们姑且不去评价这些陈述是否正确（其实哪一句话都不

对), 我们现在要做的就是对它们进行检验。我在 20 世纪 90 年代初期阅读过的那些投资类书籍中所推荐的方法都是经不住最基本的检验的。为什么会这样呢? 这个我真的不能说。即使你想凭借直觉而不是依靠系统的方法进行交易, 基本的测试也会通过把过去有效和无效的方法全部呈现在你面前来让你形成某种直觉。

《华尔街赌局》中的部分章节讨论了如何对更加"有趣"的问题进行伪相关的确认。例如, 阿兰·阿贝尔森 (Alan Abelson) 一直都看好这个市场吗?

《一个华尔街瘾君子的自白》(*Confessions of a Street Addict*)

吉姆·克莱姆 (Jim Cramer) 经常受到不公正的指责。当他出现在 CNBC 电视台的 Kudlow & Cramer 节目中时, 他总是给人一种充满活力的感觉。他曾经凭借一己之力使 "个人投资者应当为他们自己投资, 而不是把钱交给那些在经纪行和对冲基金工作的傻瓜们" 这个观点在大众之间得到推广。他通过 thestreet. com 成立的网站已经成了最棒的在线财经新闻品牌 (当然, 我有点个人倾向, 因为我经常向他们投稿)。

每天的交易结束后, 克莱姆的业绩记录总是让人望尘莫及。他每时每刻都在工作, 每年可以获得 30% 的固定收益率——这些都是合法收入, 几乎没有人能够超越他。然而, 我们这本书的目的并不是突出他的成功, 而是关注他对待失败的态度。他在交易的第一周就亏损了将近 10%, 这几乎让他无法再坚持下去。而从 1998 年年初到年中, 他又亏损了 20%。作为一家大型对冲基金的经理, 在这种时候学会如何生存要比学会如何成功更重要。1998 年可以说非常具有典型性。

关于吉姆·克莱姆和维克多·尼德霍夫我有一点需要指出，他们在不知道我是谁，以及不知道以何种理由给我回信的情况下，仍然对我发送给他们的第一封邮件做出了回应。我对他们的这种态度非常感动，同时也希望自己能够效仿他们的成功。

《股市怪杰》（*Market Wizards*）、

《新金融怪杰》（*The New Market Wizards*）和

《股市奇才》（*Stock Market Wizards*）

我对自己感兴趣的领域中的个人传记和访谈类书籍并没有太多的偏爱。杰克·施瓦格（Jack Schwager）的这三本书里有一些很棒的访谈类内容，几乎每一篇访谈都会有一些重要的信息可以对投资者有所帮助。在这些书中我最感兴趣的访谈内容如下：

- 蒙罗·特劳特（Monroe Trout）。他对市场中出现的形态进行检验并寻找统计显著性。我非常认可他采用的这种方法，并且将这篇访谈读了不下 20 遍。我还比较喜欢他在管理资金、止损和每个月定额方面的技巧。

- 吉尔·布莱克（Gil Blake）。我个人并不是对冲基金时机选择理念的拥趸，但是在对他的访谈中提到了这样一种观点，即他需要创造一种能够产生正预期收益率的方法，然后利用这一方法进行尽可能多的交易。他对多元化的引述是这样的："如果你能够获利的成功概率是 70%，那么你就进行 50 次交易，今年肯定不会太差的。"我猜测这里面的关键点是让成功的概率达到 70%。

- 马克·库克（Mark Cook）。马克·库克的某些关于波动的观点让我对自己的交易产生了关注，本书也收录了部分交易结果。

以上只是访谈的一部分，但是我要重申的是，我从所有的这些内容中都发现了非常有价值的东西。

《超级金钱》（*Super Money*）和
《金钱游戏》（*The Money Game*）

从 20 世纪 70 年代起，我开始喜欢流行的理财类书籍。尤其是亚当·斯密（Adam Smith）所著的有关投资方面的书籍从来都不会过时。例如，在其中一本书中，具体的名字我记不太清楚了，他提到有一位朋友给他打电话并告诉他有一家大银行因为金融衍生产品出现了问题而濒临破产。这个故事刊登于 30 年前，但是直到现在我还能听到这个谣言。

在《金钱游戏》一书中，他与奥马哈还有当时并不出名的沃伦·巴菲特称兄道弟。当时的巴菲特手握 4000 万美元的资金，希望干出一番事业。当他们开车出去到处转悠的时候，巴菲特指着内布拉斯加家具卖场说道："有一天，我一定会拥有它。"接下来的事情就是众所周知的了。

在接下来的章节中，亚当·斯密描述了他所投资的瑞士银行破产的细节，而这家银行的创始人最终只能在监狱里度过余生了。瑞士银行的创始人——保罗·埃德曼（Paul Erdmann）已经成了最成功的金融惊悚小说作家。我个人强烈推荐他的第一本书《世界金融风云录》（*The Billion Dollar Sure Thing*）。

20 世纪 70 年代流行的理财书籍当属安德鲁·托比亚斯

（Andrew Tobias）的《有趣的金钱游戏》（*The Funny Money Game*），他在书中详述了由他管理的全国学生营销公司的兴衰，这是一家具有高市盈率的成长型公司。如果说在 20 世纪 90 年代末以前拥有域名（.com）的公司有哪些，它便是其中的一家。这本书还告诉我们互联网泡沫不会仅仅出现一次，此外，从 20 世纪 70 年代以来，这种类型的书籍无一例外的将这些故事不断地重复着。

《明天的黄金》（*Tomorrow's Gold*）

我认为阅读麦嘉华（Marc Faber）的著作可以提高你的智商（IQ）。此君对曾经在每一个国家中出现过的金融市场了如指掌。这本书主要关注新兴市场以及形成新兴市场的周期性因素。他在书中详细讲述了诸如互联网繁荣和 19 世纪的铁路繁荣，以及其他具有新兴市场特色的科技创新。该书汇集了人口学、历史以及对当今市场的宏观性理解，并形成了一套统一的投资理论。可以肯定的是，在读完这本书以后，你就可以在鸡尾酒会上对亚洲市场这一话题侃侃而谈了。

《郁金香效应》（*Famous First Bubbles*）

彼德·盖博（Peter Garber）在该书中详细讲述了郁金香效应、密西西比泡沫事件和南海公司泡沫事件。在另外一本名为《魔鬼来袭》（*Devil Take the Hindmost*）的书中，讲述了上面每一个泡沫的历史及其基本面破灭的过程，但是这些内容又告诉我们这些泡沫也许还真不能称之为泡沫。例如，在南海公司事件中，公司对其基本面的失实陈述导致了公司的价值被高估。然而，受到南海公司获得成功的启发，很多靠弄虚作假起家的公司纷纷挂牌上市，从而导致市场出现了过度的投机行为，进而最终导致了这个巨大泡沫的破裂。这让我想起了最近出现的泡沫（它真的可以称为泡沫吗）。

我把本书第 7 章和第 17 章介绍的两种方法应用到对 1721 年南海公司股票的操作上。

现在回想一下我们在第 17 章中提到的，当股票当天的股价高于昨日收盘价 4% 的时候买入股票的操作方法，它要求我们在当天交易结束的时候将手中的头寸平仓。这种操作手法让那些试图在当天中午进行投机的卖空者面临逼仓的危险。图 20-1 显示了将第 17 章中介绍的方法应用到南海公司股票操作的情况。图中显示了 35 次交易中有 20 次是成功的，每笔交易的平均收益率是 4.71%。

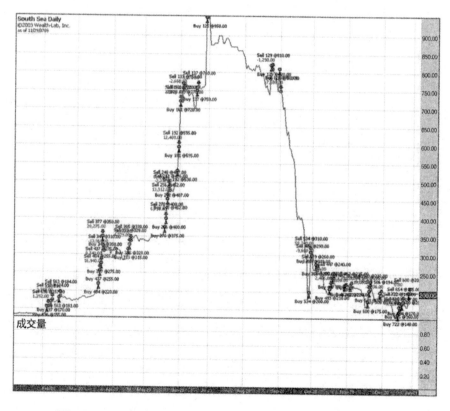

图 20-1　南海公司（1720），运用第 17 章的方法

　　我们利用第 7 章介绍的慢海龟方法进行交易同样取得了不错的成绩（参见图 20-2），我们进行交易的时间是 1 年，获得的收益率是 443%。这个结果相当好。

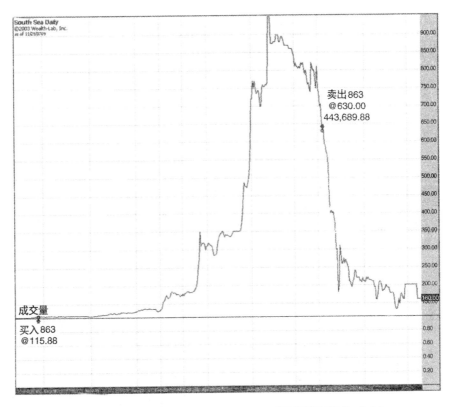

图 20-2　南海公司（1720），运用慢海龟方法

《营救华尔街》（*When Genius Failed*）

　　我们可以把这本书归纳到恐怖小说的行列。书中罗杰·洛温斯坦（Roger Lowenstein）讲述的是那些身家几十亿美元的人在把自己从一无所有的穷人变成腰缠万贯的富翁，然后又倾家荡产的同时，把整个世界推向毁灭边缘的故事。我们对待任何事情都要持怀疑的态度。如果单独就长期资本管理公司（LTCM）的投资组合而言，这一年绝对可以称得上是大丰收的年份。这也就是为什么像沃伦·巴菲特这样的投资大师会投资于它的原因了。如果基金投资失败，并损失数万亿美元，那么银行无疑会受到致命的打击，进而导致关门歇业。但是值得我们注意的是，梅里韦瑟（Merriwether）的基金现在经营得非常好。

这本书主要谈及一些有趣的心理学话题。当我和那些阅读过本书的人们谈论长期资本管理公司的时候，大部分人都能够叙述出诺贝尔奖获得者因为投资失败而损失数十亿美元的故事。有一点需要我们指出的是，发生在长期资本管理公司身上的一切同样会发生在你我这些投身于这一领域的人身上。就我个人而言，通过不断的自我管理、从回溯测试中汲取经验，并且阅读像《营救华尔街》这类书籍是能够避免我们重蹈长期资本管理公司覆辙的唯一方法。

《投资收益百年史》（*Triumph of the Optimists*）

成功是什么？比如说那些在 1950 年投资美国股票并获得超过 9% 的年收益率的人。让人感到不可思议的是，自从 1950 年以来，格雷厄姆-都德学派的大多数成员都认为美国的股票太贵了。本书的作者蒂姆森（Dimson）、马什（Marsh）和斯汤顿（Staunton）对过去 100 年中世界各个主要国家的股票、债券和货币收益率进行了分析。该书可以称得上是对全球市场投资历史做出的最重要且最保守的记录。你可以从本书中挑选自己感兴趣的内容；我对这本书的总结只有一点，那就是永远也不要低估美国市场。

《股票作手回忆录》（*Reminiscences of a Stock Operator*）

杰西·利弗莫尔的这本具有小说性质的自传是埃德温·李费佛（Edwin Lefevre）经常引述的经典之一，而其他由李费佛撰写的著作也都堪称经典之作。例如《华尔街的故事》（*Wall Street Stories*）、《股票经纪人的养成》（*The Making of a Stockbroker*）等。与我之前提到的在 20 世纪 70 年代流行的理财类书籍一样，李费佛的著作强调了即使在 100 多年以前，这个市场也没有发生过实质性的改变这一事实。

《股票交易者年鉴》（*The Stock Trader's Almanac*）

耶尔·赫什（Yale Hirsch）和杰夫瑞·赫什（Jeffrey Hirsch）撰写的这本书是周期性投资者的圣经。它记录了市场在每天、每个星期、每个月的统计数据以及各种奇闻轶事。本书通过很多有趣的事实让我们对市场有了更加深刻的理解。就我个人而言，我认为赫什家族创造了这个世界上最有意思的工作——他们通过对市场进行全方位的数据挖掘来为下一期年鉴注入新的信息。也就是说，我们很难利用周期性的因素进行交易。例如，一旦我们知道市场将在 1 月份出现上涨，那么投资者就会纷纷在 12 月买入证券。利用反复的周期性因素进行交易的关键点在于我们要在其他的投资者意识到这一点之前采取行动。当然，这些事情说来容易做起来难。

《点球成金》（*Moneyball*）

迈克尔·刘易斯（Michael Lewis）的这部作品介绍的是比

利·比恩（Billy Beane）和奥克兰运动家棒球队这只全联盟工资最低的球队在 2002 年的经历，该队在当年的美国职棒大联盟的比赛中所获得的胜场要超过其他所有的球队。他们是如何做到这一切的呢？他们运用的是该书中提到的一种方法：即发现市场中的统计异常现象（发现那些表面上看去身怀缺点、性格怪僻，但骨子里却都在棒球运动的某方面拥有超强能力的队员），并且利用这些现象获利（赢得更多的比赛）。棒球比赛中的术语"预期得分值"描述的是在特定的棒球比赛中能够预期得到的分数，这与用来形容运用特定的方法在每笔交易中获得的平均利润的术语"预期收益率"极为相似。

Gary Kasparov on My Great Predecessors，*Part* 1

加里·卡斯帕罗夫（Gary Kasparov）也许是有史以来最伟大的国际象棋世界冠军。当然，我们也可以认为他永远也无法超越鲍比·菲舍尔（Bobby Fischer）所取得的成就。我们还可以说后起之秀弗拉基米尔·克拉姆尼克（Vladimir Kramnik）可能会取得更好的成绩。谁知道呢？根据我个人的观点，卡斯帕罗夫是最棒的。因为他把之前所有国际象棋世界冠军出版发行的棋谱进行了仔细的研究。正如我在之前所说的那样，要想在你所从事的那个领域中获得成功，熟悉该领域中成功人士的历史是非常有必要的。

译者后记

　　本书的完成得到以下同人的大力帮助，他们是田军、彭家伟、张苹、苏远秀、李超杰、朱杰、吴文莉、陈鼎、余锋、范纯海、常红婧、郑星、张毅、吴春梅、肖艳梅、张毅。其中第一章至第五章由史雷、吴文莉、张毅、李超杰、田军翻译，第六章至第九章由常红婧、郑星、彭家伟、张苹翻译，第十章至第十三章由苏远秀、陈鼎、范纯海翻译，第十四章至第二十章由余锋范、肖艳梅、朱杰、吴春梅翻译，其余部分由史雷、张毅、康民翻译，全书由康民负责统校。

　　由于译者水平有限，错误和疏漏之处在所难免，敬请读者批评指正。